Caderno do Futuro
Simples e prático

Ciências

3º ano
ENSINO FUNDAMENTAL

3ª edição
São Paulo - 2013

IBEP

Coleção Caderno do Futuro
Ciências
© IBEP, 2013

Diretor superintendente	Jorge Yunes
Gerente editorial	Célia de Assis
Assessora pedagógica	Valdeci Loch
Assistente editorial	Érika Domingues do Nascimento
Revisão	Luiz Gustavo Micheletti Bazana
Coordenadora de arte	Karina Monteiro
Assistente de arte	Marilia Vilela
	Tomás Troppmair
	Nane Carvalho
	Carla Almeida Freire
Coordenadora de iconografia	Maria do Céu Pires Passuello
Assistente de iconografia	Adriana Neves
	Wilson de Castilho
Produção gráfica	José Antônio Ferraz
Assistente de produção gráfica	Eliane M. M. Ferreira
Projeto gráfico	Departamento de Arte Ibep
Capa	Departamento de Arte Ibep
Editoração eletrônica	N-Publicações

CIP-BRASIL. CATALOGAÇÃO-NA-FONTE
SINDICATO NACIONAL DOS EDITORES DE LIVROS, RJ

P32c

Passos, Célia
 Ciências : 3º ano / Célia Maria Costa Passos, Zeneide Albuquerque Inocêncio da Silva. - 3. ed. - São Paulo : IBEP, 2012.
 il. ; 28 cm. (Novo caderno do futuro)

 ISBN 978-85-342-3506-8 (aluno) - 978-85-342-3511-2 (mestre)

 1. Ciências - Estudo e ensino (Ensino fundamental). I. Silva, Zeneide II. Título. III. Série.

12-8663. CDD: 372.35
CDU: 373.3.016:5

27.11.12 28.11.12   040997

3ª edição - São Paulo - 2013
Todos os direitos reservados.

IBEP

Av. Alexandre Mackenzie, 619 - Jaguaré
São Paulo - SP - 05322-000 - Brasil - Tel.: (11) 2799-7799
www.editoraibep.com.br   editoras@ibep-nacional.com.br

Reimpressão Gráfica Cromosete - Janeiro 2016

SUMÁRIO

BLOCO 1 4
O Universo
As fases da Lua
Os movimentos da Terra

BLOCO 2 12
Orientação

BLOCO 3 14
Recursos naturais
O ar
A água
Solo e subsolo
Tipos de solo

BLOCO 4 25
Características dos seres vivos

BLOCO 5 28
As plantas
As partes de uma planta
A reprodução das plantas

BLOCO 6 36
Os animais
Animais aquáticos e terrestres
Animais vertebrados: mamíferos, aves, répteis, anfíbios, peixes
Animais invertebrados
Animais domésticos, silvestres, úteis e nocivos

BLOCO 7 48
Seres vivos em extinção

BLOCO 8 50
O ser humano
O ser humano no ambiente
O ser humano e os recursos naturais

BLOCO 9 57
O corpo humano
As partes do corpo humano
Sistema respiratório
Sistema digestório
Órgãos dos sentidos

BLOCO 10 64
Alimentação
 – origem animal, vegetal, mineral

BLOCO 11 68
Higiene e outros hábitos saudáveis

BLOCO 12 71
Transmissão de doenças

BLOCO 13 76
Saneamento básico

Atividades complementares 81

BLOCO 1

CONTEÚDOS:
- O Universo
- As fases da Lua
- Os movimentos da Terra

Lembre que:

O Universo é formado por muitas galáxias.

As galáxias são formadas por bilhões de estrelas, poeira, nebulosas, planetas e muitos outros astros. As estrelas são astros que emitem muita luz e calor.

Via Láctea é o nome da galáxia onde está o Sistema Solar.

Representação do Sistema Solar

	O Universo
Astro	Os planetas, as estrelas e os satélites.
Terra	Planeta de forma arredondada e que está sempre girando em torno de si mesmo e do Sol.
Sol	Estrela (possui luz própria) que é o centro do Sistema Solar e fornece luz para os planetas e satélites. O lugar em que o Sol se põe ao entardecer chama-se poente. O lugar onde o Sol surge chama-se nascente.
Satélites	Giram em torno dos planetas e não têm luz própria.
Lua	Satélite da Terra, não possui luz própria. Gira em torno de si mesma e da Terra.
Sistema Solar	O Sol e os planetas que giram em torno dele.

Lembre que:

- Os planetas do Sistema Solar em ordem de proximidade do Sol são: **Mercúrio, Vênus, Terra, Marte, Júpiter, Saturno, Urano** e **Netuno**.

1. Complete as frases corretamente:

   a) _____ é um planeta. Sua forma é _____ e ela é aquecida e iluminada _____.
   (A Terra - O Sol) (arredondada-oval) (pelo Sol - pela Lua)

   b) _____ é uma estrela; ele fornece sua luz para _____.
   (A Terra - O Sol) (a Terra - o Sol)

   c) _____ é o satélite da _____. Ela é iluminada _____.
   (A Terra - A Lua) (Terra - Lua) (pela Terra - pelo Sol)

   d) O Sol e os planetas que giram em torno dele fazem parte do _____.

2. Pesquise e responda:

   a) O que são astros?

   b) O que são estrelas?

   c) O que são planetas?

   d) O que são satélites?

   e) O que é o Sol e o que ele fornece?

   f) O que é a Terra e qual a sua forma?

a) O que é a Lua?

3. Troque os números pelas sílabas e forme uma frase. Oriente-se pelo quadro:

8 4 11 10 9 13 12 6 1 5 7 2 14 3

1	2	3	4	5	6	7
so	ma	lar	Sol	Sis	mos	te
8	9	10	11	12	13	14
O	cen	o	é	do	tro	So

_____

4. Escreva o nome dos planetas que formam o Sistema Solar:

5. Que planeta fica mais próximo do Sol e que planeta fica mais distante?

Lembre que:

- **As fases da Lua** dependem da sua posição em relação ao Sol e à Terra.
- Cada fase dura aproximadamente 7 dias.

A parte iluminada está voltada para a Terra.
Fase da Lua cheia

A parte iluminada voltada para a Terra vai diminuindo.
Fase da Lua minguante

A Lua fica pouco visível.
Fase da Lua nova

Aumenta a parte iluminada voltada para a Terra.
Fase da Lua crescente

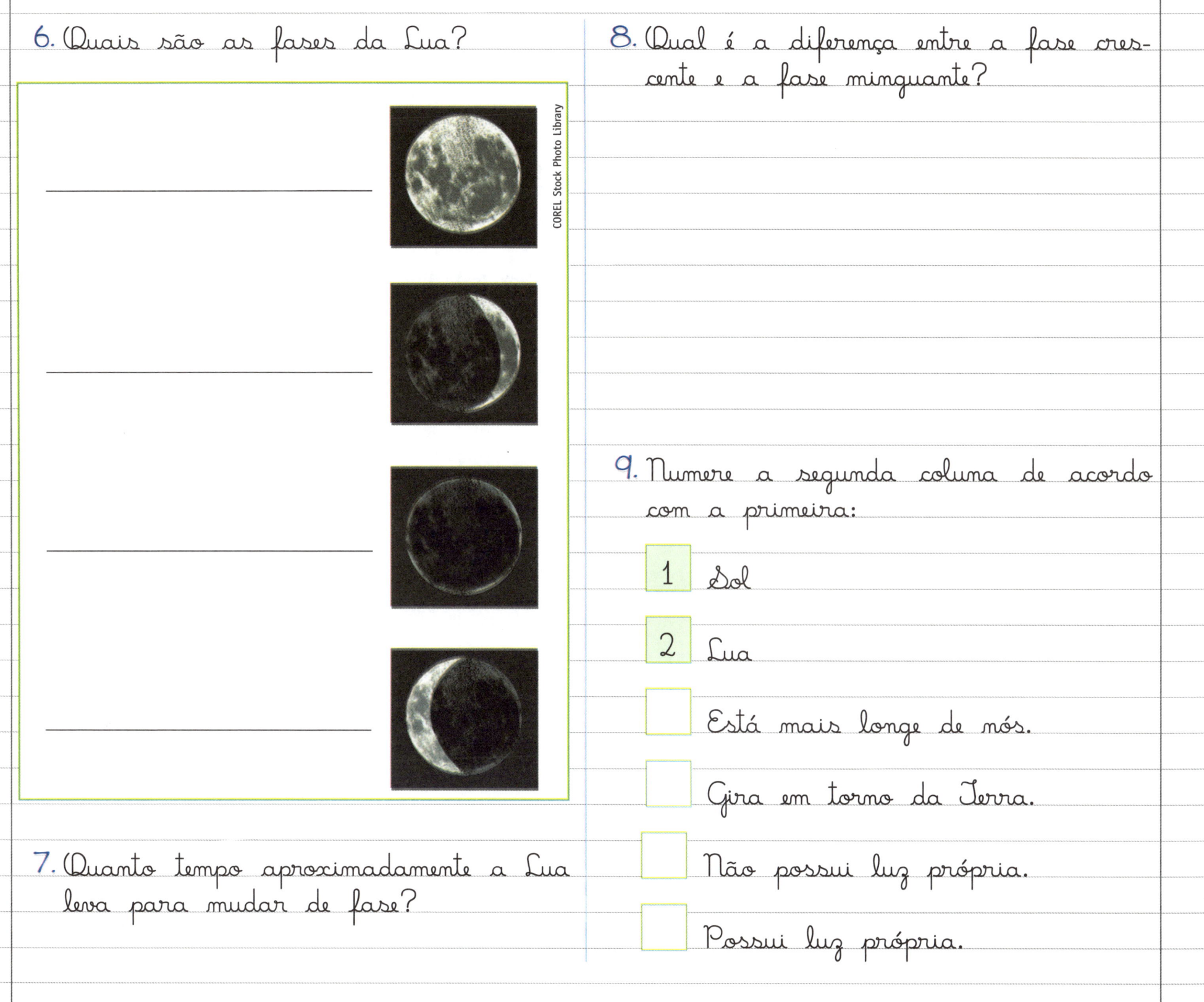

6. Quais são as fases da Lua?

_____

_____

_____

_____

7. Quanto tempo aproximadamente a Lua leva para mudar de fase?

8. Qual é a diferença entre a fase crescente e a fase minguante?

9. Numere a segunda coluna de acordo com a primeira:

    1 Sol

    2 Lua

    ☐ Está mais longe de nós.

    ☐ Gira em torno da Terra.

    ☐ Não possui luz própria.

    ☐ Possui luz própria.

Lembre que:

- **Movimento de rotação:** determina a existência dos dias e das noites.

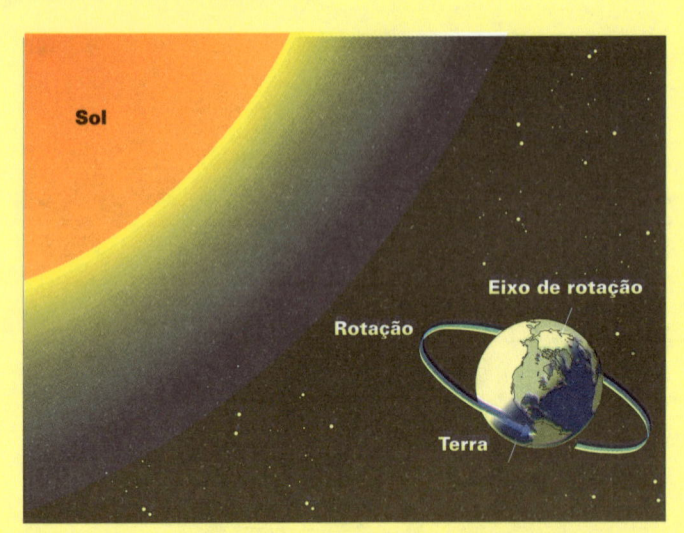

Ao girar, uma parte da Terra é iluminada pelo Sol, enquanto a outra permanece no escuro.

A Terra dá uma volta completa, em torno do seu próprio eixo, em 24 horas.

- **Movimento de translação:** determina as quatro estações do ano.

O movimento de translação

A Terra também se move ao redor do Sol. Uma volta completa demora 365 dias (um ano).

As estações do ano

Estação	Características	No hemisfério sul	
		Começa em	Termina em
Primavera	Floresce a maioria das plantas.	setembro	dezembro
Verão	A estação mais quente e também das chuvas na maior parte do Brasil.	dezembro	março
Outono	As noites ficam mais frias e algumas árvores perdem as folhas.	março	junho
Inverno	Faz frio no Sul e no Sudeste do Brasil. Chove menos na maior parte do Brasil.	junho	setembro

10. Responda:

   a) Como se chama o movimento da Terra em torno de si mesma?

   b) Quanto tempo a Terra leva para realizar esse movimento?

   c) O que esse movimento determina?

11. Complete as frases:

   a) Quando a Terra gira em torno do Sol, ela realiza o movimento de _____.

   b) Para completar esse movimento, a Terra leva _____ dias ou _____ ano.

   c) Durante esse tempo acontecem as _____.

12. Quais são as estações do ano?

13. Troque os números pelas sílabas e forme uma frase. Oriente-se pelo quadro:

    110 7 29512 3 48611

1	2	3	4	5	6
To	u	se	mo	ver	men
7	8	9	10	11	12
o	vi	mi	do	ta	so

    _____

14. Em qual estação floresce a maioria das plantas?

15. Cite as características do verão no Brasil.

16. Quando começa e quando termina o inverno?

17. Recorte e cole imagens que representem as quatro estações do ano.

Primavera	Verão

Outono

Inverno

BLOCO 2

CONTEÚDO:
- Orientação

Lembre que:

- O Sol aquece e ilumina a Terra. Também podemos nos orientar pela posição do Sol no céu.
- Para se orientar pelo Sol:
  - aponte o braço direito para onde o Sol nasce (o **nascente**); nessa direção fica o **leste**;
  - aponte o braço esquerdo para onde o Sol se põe (o **poente**); nessa direção está o **oeste**;
  - o **norte** fica à sua frente;
  - o **sul** fica às suas costas.
- Norte, sul, leste e oeste são os **pontos cardeais**.
- O ponto onde o Sol nasce, no leste, varia no decorrer do ano. O mesmo acontece com o ponto onde o Sol se põe.
- Os pontos onde o Sol nasce e se põe variam no decorrer do ano porque a Terra está em constante movimento ao redor do Sol.

Na primeira imagem temos o nascente do sul, que fica na direção leste.

O poente fica na direção oeste, como podemos observar na segunda imagem.

1. Complete as frases, preenchendo os espaços com as palavras corretas:

a) O Sol aquece e _____ a _____.

b) Podemos nos _____ pela _____ do Sol no céu.

c) O ponto onde o _____ nasce no Leste varia no decorrer do ano.

2. Como se chama o lugar em que o Sol aparece nas primeiras horas do dia?

3. Como se chama o lugar em que o Sol se põe ao entardecer?

4. Quais são os pontos cardeais?

5. Como podemos encontrar os pontos cardeais?

6. Copie apenas as frases verdadeiras:

a) Os pontos cardeais são o leste e o oeste.

b) O lugar onde o Sol aparece de manhã chama-se nascente ou leste.

c) Para encontrar os pontos cardeais, podemos nos orientar pelo Sol.

d) O lugar onde o Sol se põe chama-se poente ou oeste.

Lembre que:

- Para ajudar na orientação geográfica, há milhares de anos é usada a **bússola**, um instrumento magnético que permite localizar o polo Norte da Terra e, portanto, identificar os demais pontos cardeais: leste, sul e oeste.

BLOCO 3

CONTEÚDOS:

- Recursos naturais
- O ar
- A água
- Solo e subsolo
- Tipos de solo

Lembre que:

- Para viver, os seres vivos dependem de outros seres vivos e também dos **recursos naturais**: o ar, a água, o solo, os minérios, a luz do Sol, as plantas, os animais.

- Ao poluir a água, o ar e o solo, o homem agride a natureza.

- A Terra é formada por: atmosfera, hidrosfera, litosfera e biosfera.

  – **Atmosfera** é a camada de gases que envolvem a Terra. Os gases que formam a atmosfera não têm cheiro, nem cor nem gosto. Não conseguimos vê-la, mas podemos percebê-la.

  – **Hidrosfera** é formada pelo conjunto de águas em estado sólido (gelo), líquido e gasoso (vapor) do nosso planeta.
  A água é essencial para todos os seres vivos. A água salgada cobre a maior parte da superfície terrestre e é encontrada nos oceanos e mares. Enquanto a água doce é encontrada em rios e lagos.

  – **Litosfera** é a parte sólida e externa da Terra formada por rochas e minerais. É representada pelos continentes, ilhas e pelo fundo dos mares, oceanos, lagoas etc.

  – **Biosfera** é a parte do planeta onde é possível existir vida, isto é, o hábitat de todos os seres vivos, e compreende o meio aquático e o meio terrestre, da montanha mais alta até o fundo do oceano.

1. Dê exemplos de recursos naturais.

2. O que aconteceria se toda a água da Terra desaparecesse?

3. Como o homem agride a natureza?

4. Por que é importante preservar os recursos naturais?

5. Faça a ligação:

Atmosfera •   • é formada pelo conjunto de águas do nosso planeta, nos estados sólido (gelo), líquido (doce e salgada) e gasoso (vapor).

Hidrosfera •   • é a parte do planeta onde é possível existir vida.

Litosfera •   • é a camada de gases que envolvem a Terra.

Biosfera •   • é a parte sólida e externa da Terra formada por rochas e minerais, como os continentes, ilhas, os fundos dos rios, lagoas e oceanos.

6. Troque os números pelas sílabas e forme uma frase. Oriente-se pelo quadro:

417 10 14729 1 11183
6128 516 1315

1	2	3	4	5	6
dos	sa	sos	To	pa	ma
7	8	9	10	11	12
ci	rais	mos	nós	re	tu
13	14	15	16	17	18
vi	pre	ver	ra	dos	cur

_____
_____

Atmosfera	Camada de ar que envolve a Terra.
Ar	Contém uma mistura de gases; dois deles são o oxigênio e o gás carbônico.
Oxigênio	Gás sem o qual as pessoas, os animais e as plantas não podem respirar.
Gás carbônico	Gás que as plantas utilizam para produzir seu alimento.
Vento	O ar em movimento; por meio dele percebemos a existência do ar.

Lembre que:

- Podemos perceber a existência do ar pelo vento.
- **O vento** é o ar em movimento.
- Ao se movimentar, o ar dá origem:
  - às **brisas**, que balançam as plantas, as folhas das árvores e nos refrescam;
  - aos **ventos fortes**, que sacodem as árvores e levantam poeira;
  - aos **vendavais**, que arrasam os lugares por onde passam.

7. Como percebemos a existência do ar?

8. O que o ar contém?

9. O que é o vento?

10. O ar é importante para os seres vivos? Por quê?

11. Leia e responda:

> Todo mundo sabe que o vento é o ar em movimento. O que pouca gente sabe é que o Sol é o grande responsável pela existência dos ventos.
>
> O Sol esquenta a superfície da Terra. A Terra esquenta o ar que a rodeia. E o ar quente dilata-se, fica mais leve e sobe, deixando em seu lugar o ar mais pesado, mais frio. O ar quente que sobe esfria e volta à Terra, substituindo o ar quente.
>
> Esse ir e vir das massas de ar forma o vento. Para nossa proteção e para melhorar nossas condições de vida, precisamos conhecer e estudar os ventos continuamente.
>
> Ciência Hoje das Crianças, n. 24.

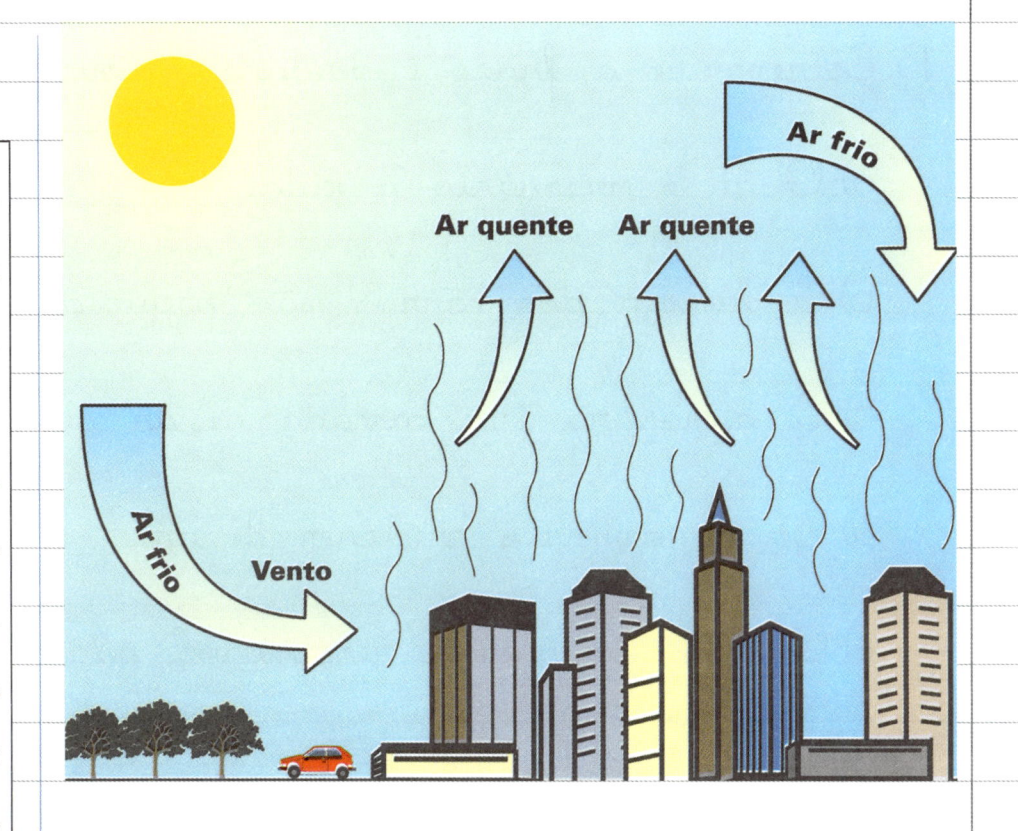

12. Por que o Sol é responsável pela existência dos ventos?

13. Escreva se a frase é verdadeira ou falsa:

a) O ar é necessário à vida. ☐

b) A fumaça dos carros não prejudica o ar. ☐

c) A atmosfera é a camada de ar que envolve a Terra. ☐

d) Só os animais precisam de ar. ☐

e) O Sol é o grande responsável pela existência dos ventos. ☐

A água	
Estados físicos	**Onde é encontrada**
Sólido	No gelo, na neve, nas geleiras.
Líquido	Nos mares, rios, lagos, fontes, solo, subsolo, seres vivos; a maior parte da água na Terra encontra-se no estado líquido.
Gasoso	Na atmosfera, em forma de vapor de água.

Mudanças de estado da água	**Nome**	**Exemplo**
De sólido para líquido	Fusão	Derretimento do gelo.
De líquido para gasoso	Evaporação	O vapor que se desprende durante a fervura da água.
De gasoso para líquido	Condensação	O vapor, ao encontrar uma temperatura mais baixa (na tampa de uma chaleira), transforma-se em gotinhas de água.
De líquido para sólido	Solidificação	Formação do gelo.

Líquido → Sólido

Sólido → Líquido

Líquido → Gasoso → Líquido

O ciclo da água

Lembre que:

- Com o calor do Sol, parte das águas dos rios, lagos e mares evapora continuamente e transforma-se em vapor de água no ar, que sobe e se condensa, formando gotinhas de água e cristais de gelo; são as nuvens. Essas gotinhas se juntam, ficam pesadas e caem como chuva.

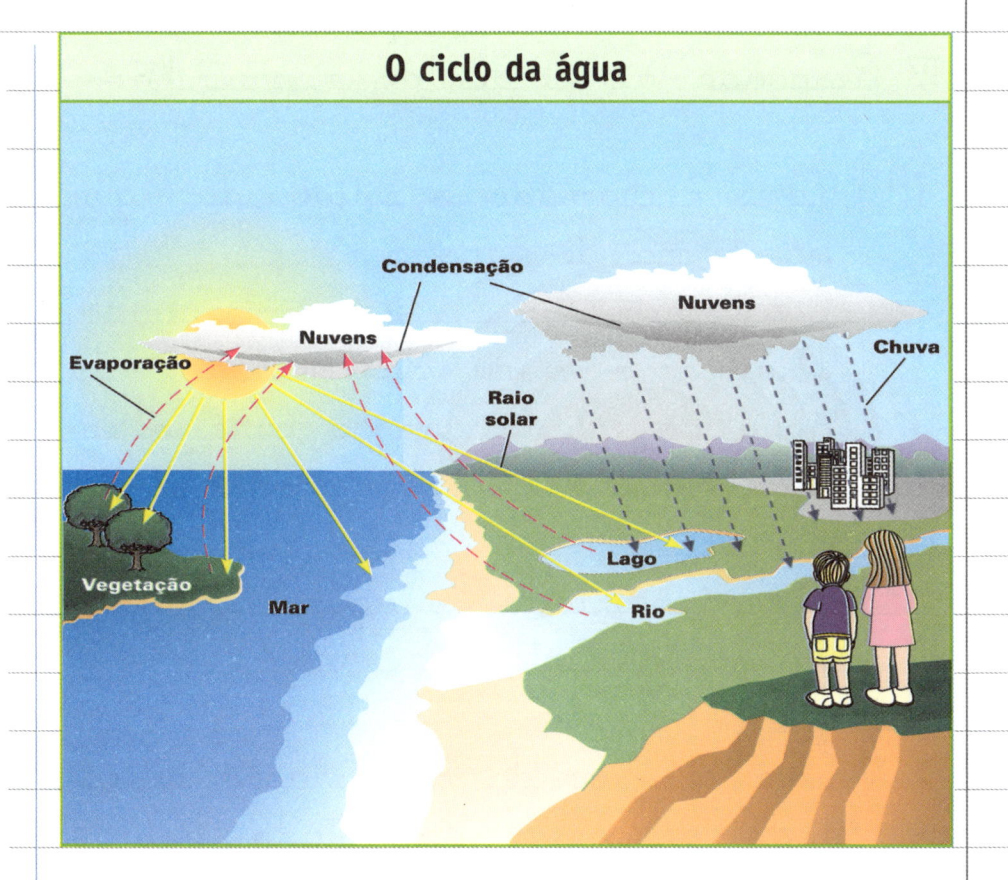

14. Em que estados a água pode ser encontrada na natureza?

15. Onde encontramos a água no estado líquido?

16. Onde encontramos a água no estado sólido?

17. Responda às perguntas e preencha:

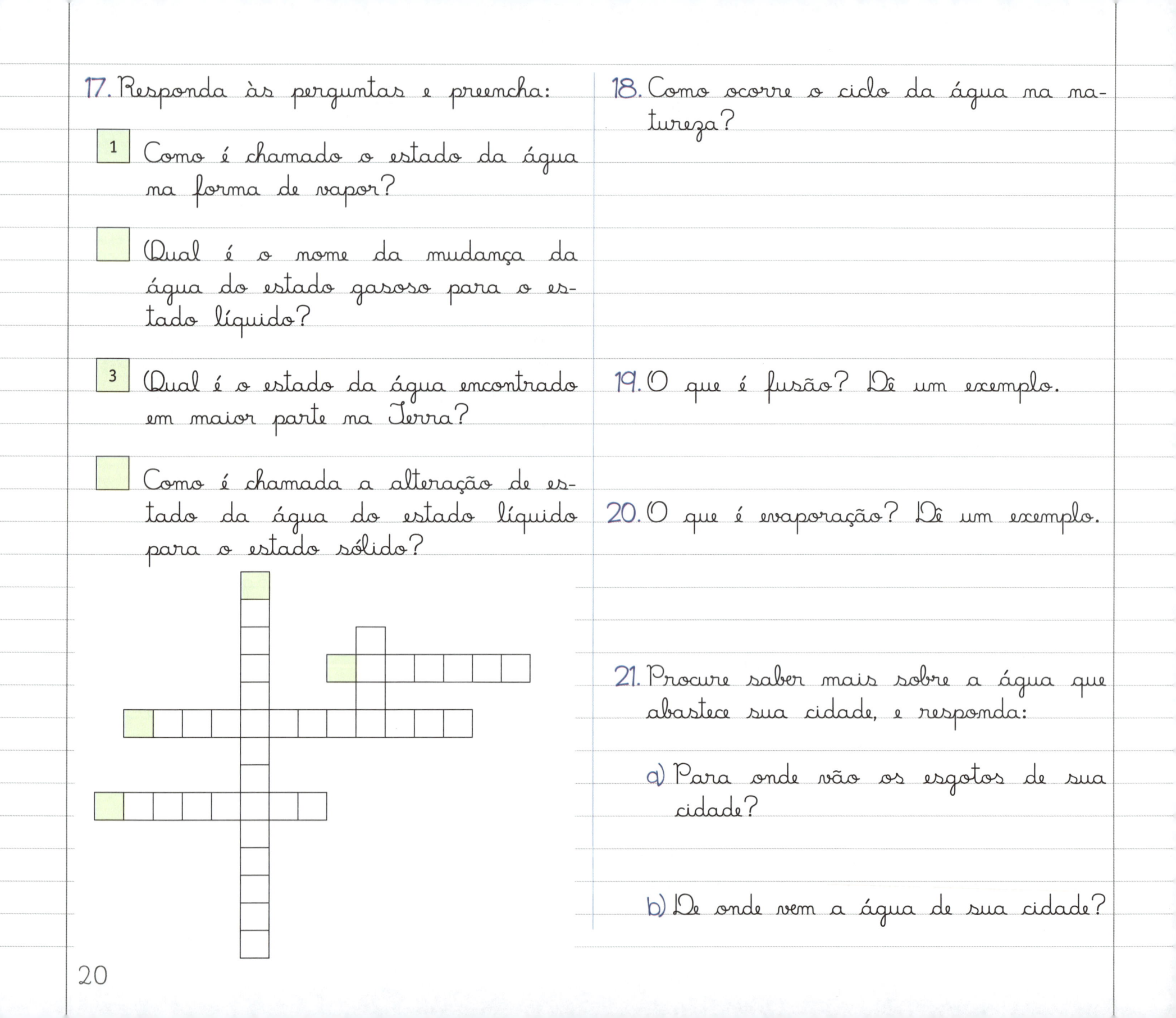

    [1] Como é chamado o estado da água na forma de vapor?

    [ ] Qual é o nome da mudança da água do estado gasoso para o estado líquido?

    [3] Qual é o estado da água encontrado em maior parte na Terra?

    [ ] Como é chamada a alteração de estado da água do estado líquido para o estado sólido?

18. Como ocorre o ciclo da água na natureza?

19. O que é fusão? Dê um exemplo.

20. O que é evaporação? Dê um exemplo.

21. Procure saber mais sobre a água que abastece sua cidade, e responda:

    a) Para onde vão os esgotos de sua cidade?

    b) De onde vem a água de sua cidade?

22. Qual é a importância da água na vida das pessoas?

23. Pesquise:

- Quais problemas o excesso de chuvas pode causar?

- Quais problemas a falta de chuvas pode causar?

Lembre que:

- **O solo** é a parte externa da crosta terrestre. É o que costumamos chamar de "terra".
- **O solo** é formado por areia, argila e húmus, que é uma mistura de restos de animais e de vegetais mortos.
- **A superfície da Terra** é a parte externa da crosta terrestre, uma camada de rochas que envolve a Terra.
- **A crosta terrestre** é formada por:
  - **solo**: pedaços muito pequenos de rochas, restos de animais e vegetais. É nele que as plantas crescem;
  - **subsolo**: pedaços maiores de rochas que estão se decompondo e se transformando em solo;
  - **rocha inteira**.

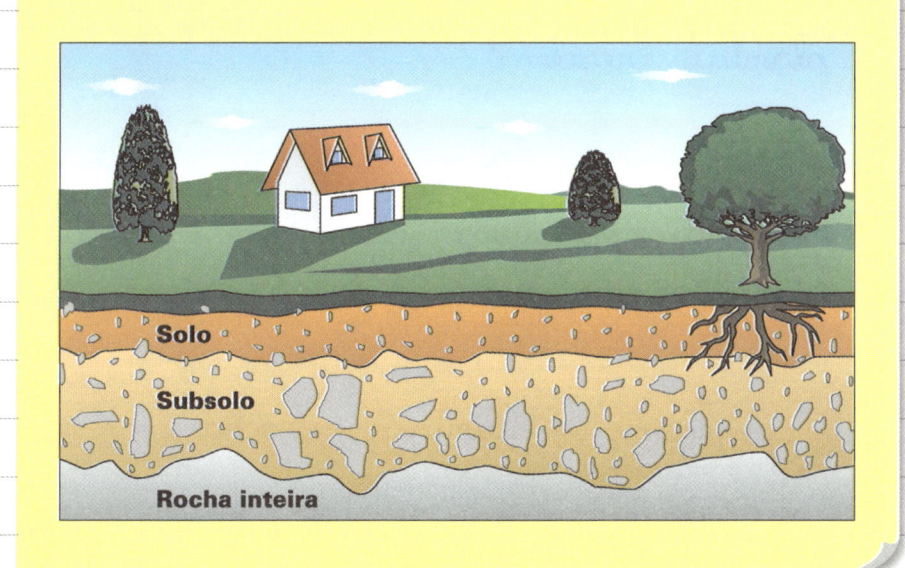

Solo
Subsolo
Rocha inteira

24. O que é a crosta terrestre?

25. Do que é formado o solo?

26. Do que é formado o subsolo?

27. Em que camada da crosta terrestre as plantas crescem?

28. Escolha a palavra que completa cada afirmação e preencha os espaços:

   Terra - plantas - rocha

   a) No solo, as _____ crescem e fixam suas raízes.

   b) Vivemos na superfície da _____.

   c) O solo é formado por pedaços pequenos de _____.

Tipos de solo	Características	Observações
Arenoso	Formado por terra solta. Não retém água. É seco.	Precisa ser irrigado.
Argiloso	Formado por terra em torrões (argila). Fica encharcado.	Precisa ser drenado.
Humífero	Formado por pedaços muito pequenos de rochas e restos de animais e de vegetais (húmus).	Ótimo para agricultura.

29. Como se chama o solo formado por terra solta (areia)?

30. O que é preciso fazer para plantar em um solo seco?

31. O que precisamos fazer para plantar em solo muito úmido?

32. Em que tipo de solo se formam com mais facilidade as poças d'água?

33. Como é formado o solo humífero?

34. Como é formado o solo argiloso?

35. Troque os números pelas sílabas e forme uma frase:

11 6 2 14 1 3 7 10 13
5 9 4 12 8

1	2	3	4	5	6	7
que	é	cos-	de	cha-	lo	tu-
8	9	10	11	12	13	14
ra	mar	ma-	So-	ter-	mos	o

_____

36. Complete as frases corretamente:

a) O solo que não retém água é _____.

b) O solo que precisa ser drenado é _____.

c) O solo formado por pedaços muito pequenos de rochas e restos de animais e vegetais é _____.

37. Leia e responda:

A utilidade das minhocas na terra

- Qual é a importância das minhocas para o solo?

Lembre que:

- A **erosão** do solo ocorre intensamente quando a vegetação é retirada do solo e ele fica desprotegido. Pode ser provocada pela ação do vento e da água, arrastando parte do solo e seus nutrientes. Para evitar a erosão, é preciso manter a vegetação que cobre o solo.

- O solo arenoso não segura água. É um solo seco. Um solo seco pode ser **irrigado** e um solo muito úmido precisa ser **drenado**.

38. Quando ocorre a erosão do solo?

39. Encontre as quatros palavras do quadro no caça-palavras:

geleira - terra - minhoca - solo

Q	F	T	I	M	Q	V	T	X	Z	R
N	V	Q	N	V	F	C	E	A	I	M
E	C	G	E	L	E	I	R	A	S	H
S	I	I	S	O	R	A	R	L	O	A
H	A	O	H	D	M	C	A	Z	L	C
I	L	M	I	N	H	O	C	A	O	S

40. O que pode causar a erosão do solo? Quais são as possíveis consequências da erosão?

BLOCO 4

CONTEÚDO:
- Características dos seres vivos

Lembre que:

- As grandes semelhanças permitem agrupar os seres vivos em reinos.
- Os reinos mais conhecidos são: o das plantas e o dos animais.

Características dos seres vivos	
Seres vivos	São as plantas, os animais e os microrganismos. Os seres vivos nascem, respiram, alimentam-se, crescem, podem se reproduzir e morrem.
Reprodução	Capacidade que os seres vivos possuem de dar origem a outros seres da mesma espécie.
Como os seres vivos podem ser agrupados	Pelo que têm de parecido nas partes do corpo; pela maneira como se reproduzem e crescem.

Fotos: Getty Images

25

1. Complete as frases, preenchendo os espaços com as palavras do quadro:

> origem - espécie - alimentam-se
> reproduzir - crescem - reprodução
> respiram - plantas - animais

a) Os seres vivos nascem, _____, _____, _____, podem se _____ e morrem.

b) A _____ é a capacidade que os seres vivos possuem de dar _____ a outros seres da mesma _____.

c) As _____ e os _____ formam dois grandes grupos de seres vivos.

2. Como podem ser agrupados os seres vivos?

3. Por que as plantas e os animais são seres vivos?

4. Por que a reprodução é importante para os seres vivos?

5. Escreva o nome de três plantas e de três animais que você conhece:

26

6. Pesquise e escreva sobre a importância das plantas e dos animais. Ilustre com recortes de jornais e revistas:

BLOCO 5

CONTEÚDOS:

- As plantas
- As partes de uma planta
- A reprodução das plantas

Lembre que:

- As **plantas** precisam de luz, ar, água e sais minerais para se desenvolver.
- As plantas vivem em diferentes ambientes: no solo, na água e até presas ao caule de outras plantas.
- As plantas que vivem na água retiram sais minerais da água, quando são flutuantes, como o aguapé.
- As plantas que vivem no solo retiram água e sais minerais do solo. As orquídeas, por exemplo, vivem sobre outras plantas, que usam apenas como suporte. Elas retiram água e sais minerais pelas raízes que estão apoiadas no tronco.

Diferentes tipos de plantas

cactos — laranjeira — algodão

vitória-régia — araucária

samambaia — palmeira — orquídea

Lembre que:

- Grande parte das plantas é formada por: **raiz**, **caule**, **folhas**, **flores** e **frutos**.

1. Pesquise em que ambiente vivem as plantas abaixo e relacione-as pintando os quadrinhos assim:

   🟩 planta de lugares úmidos;

   🟥 planta aquática;

   🟧 planta de lugares secos.

☐ avenca   ☐ vitória-régia

☐ cacto   ☐ samambaia

☐ aguapé

2. Pesquise e escreva o nome de:

a) Duas raízes que servem de alimento.

b) Duas folhas que servem de alimento.

c) Dois frutos que servem de alimento.

d) Um caule que serve de alimento.

e) Sementes que servem de alimento.

As partes de uma planta	
Parte	Função
Raiz	Fixa a planta na terra, de onde retira água e sais minerais necessários para a produção do alimento pela planta.
Caule	Sustenta os galhos com as folhas, as flores e os frutos. Conduz os sais minerais e a água até as folhas, para a produção do alimento da planta.
Folhas	Produzem o alimento da planta. Contêm clorofila, pigmento que lhes dá a cor verde e que, na presença de luz solar, é responsável pela transformação do gás carbônico e da água em alimento e oxigênio para as plantas e os animais. Também são responsáveis pela respiração da planta.
Flores	Responsáveis pela reprodução da planta. Dão origem aos frutos.
Frutos	Contêm as sementes, que darão origem a outras plantas.

3. Dê exemplos de diferentes tipos de plantas:

4. Observe a ilustração. Em que ambiente vive cada planta?

5. O que é clorofila e qual a sua função?

6. Qual é a função da raiz?

7. Pesquise o nome de plantas que servem para fazer chás medicinais, para nos alimentar, para fazer tecidos, para fazer móveis:

a) chás medicinais

b) alimentação

c) tecidos

d) móveis

8. Há muitos animais que só comem plantas. O que você acha que aconteceria com esses animais se as plantas deixassem de existir?

9. Se os animais que comem plantas deixassem de existir, o que aconteceria com os animais carnívoros?

10. Escreva o nome e a função de cada parte da planta:

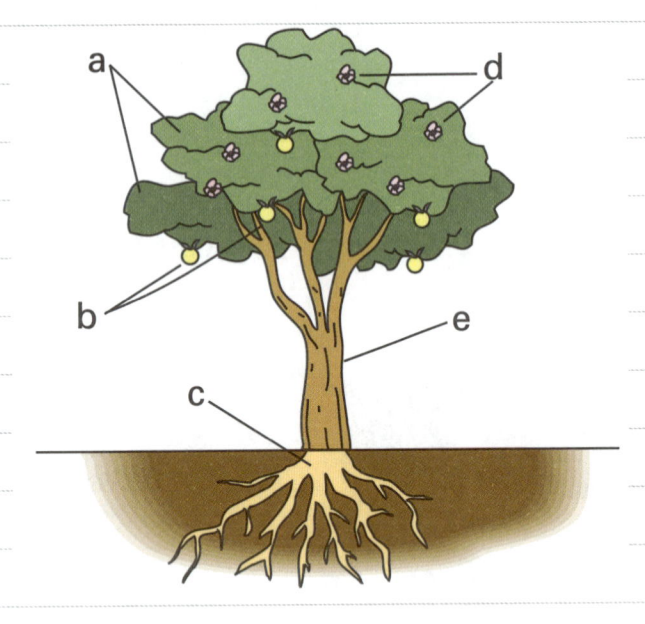

a) Folhas:

b) Frutos:

c) Raiz:

d) Flores:

e) Caule:

Lembre que:

- As plantas podem se reproduzir por meio de **sementes**, **mudas**, **folhas** ou **caules**.
  - **sementes:** necessitam de terra apropriada, água, ar, luz e calor para a **germinação**. Exemplo: pinheiro-do-paraná.
  - **mudas:** são plantas pequenas no início de seu desenvolvimento. Delas podem se originar outras plantas. Exemplo: videira.
  - **folhas:** algumas plantas podem brotar das folhas quando enterradas ou colocadas em água para enraizar.

    Exemplo: violeta-africana.
  - **caules:** são bulbos, tubérculos que dão origem a novas plantas. Exemplo: batata.

Reprodução por mudas

Reprodução por folhas

Reprodução por sementes

Reprodução por caules

11. Como as plantas podem se reproduzir?

12. Como se chama o processo de reprodução de uma planta por meio de sementes?

13. Que cuidados devemos ter com a semente para que ela germine?

14. O feijoeiro é um ser vivo? Por quê?

15. Por que o feijão não germina no pacote?

16. Marque um **x** nas afirmações corretas:

a) ☐ As plantas se reproduzem apenas por meio de sementes.

b) ☐ O feijão e o milho se reproduzem por meio de mudas.

c) ☐ O galho retirado de uma planta já adulta chama-se muda.

d) ☐ As plantas só podem viver no solo.

e) ☐ Para se desenvolver, uma planta precisa de luz, ar e água.

17. Coloque 4 grãos de feijão para germinar em recipientes diferentes. Use algodão em vez de terra.

- Ao 1º grão de feijão, dê calor, água e ar.
- Ao 2º, dê tudo, menos calor.
- Ao 3º, dê tudo, menos água.
- Ao 4º, dê tudo, menos ar.

- Observe e anote o que aconteceu com cada um dos grãos.

Sugestão: a atividade pode ser feita em grupo. Cada grupo fica responsável por um grão.

1º grão:

2º grão:

3º grão:

4º grão:

BLOCO 6

CONTEÚDOS:

- Os animais
- Animais aquáticos e terrestres
- Animais vertebrados: mamíferos, aves, répteis, anfíbios, peixes
- Animais invertebrados
- Animais domésticos, silvestres, úteis e nocivos

Hábitat	Lugar em que vive cada animal.
Animais aquáticos	Os que vivem na água, como o polvo, o camarão, os peixes, a baleia.
Animais terrestres	Os que vivem na terra, como a girafa, o lobo-guará, o tamanduá, o cavalo, a onça.

Lembre que:

- Os animais fazem parte da paisagem de lugares diferenciados.
- Eles se relacionam com os outros animais. Ao conjunto desses animais chamamos de **fauna**.

1. Por que os animais são seres vivos?

2. O que é hábitat?

3. O que são animais aquáticos?

4. O que são animais terrestres?

5. Que nome recebe o conjunto de animais?

6. O pinguim é um animal terrestre ou aquático?

7. A Mata Atlântica é o hábitat de muitos animais. Pesquise o nome de alguns animais que vivem lá.

Trecho de Mata Atlântica.

- Anote-os abaixo:

8. Qual é o ambiente do tubarão?

9. Qual é o nome destes animais e onde eles vivem?

10. Complete as frases a seguir, preenchendo os espaços com as palavras certas:

a) O ser humano também é um _____.

b) Há animais de grande porte, como a _____ e o _____.

c) Há animais tão pequenos que só podem ser vistos com o auxílio de um _____.

d) _____ é o lugar em que vive cada animal.

e) Animais _____ são os que vivem na terra.

f) Muitos animais vivem uma fase da vida na _____ e outra na _____. É o caso dos _____, das _____ e das salamandras.

11. Classifique estes animais em terrestres (T) ou aquáticos (A):

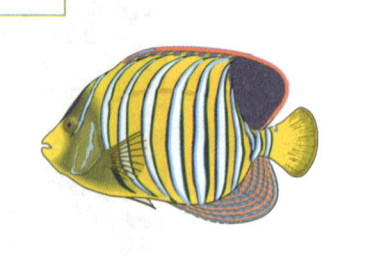

12. Resolva as palavras cruzadas:

1. É um animal terrestre e tem uma tromba.

2. Vive na água e tem nadadeiras.

3. É um animal terrestre e tem um longo pescoço.

4. É um animal que vive uma fase da vida na água e outra na terra.

5. É um animal terrestre e é considerado o "rei da floresta".

6. É um animal que não tem patas e é comprido.

Lembre que:

- Os **animais vertebrados** possuem **coluna vertebral**.

Classes de vertebrados	Características	Exemplos
Mamíferos	Mamam quando pequenos, têm pelos e respiram por pulmões; formam-se dentro do corpo da mãe – são **vivíparos**.	peixe-boi, baleia, golfinho, gato, cão, morcego, homem etc.
Aves	Têm penas, asas, bico e respiram por pulmões; nascem de ovos – são **ovíparas**.	pato, pássaros, galinha, cisne etc.
Répteis	Têm escamas, carapaças ou placas córneas – são **ovíparos**.	lagarto, cobra, jacaré, lagartixa etc.
Anfíbios	Os filhotes vivem na água e respiram o oxigênio nela misturado; os adultos vivem na terra e na água e respiram por pulmões; têm a pele úmida – são **ovíparos**.	sapo, rã, perereca etc.
Peixes	Vivem na água; geralmente têm escamas ou placas ósseas; têm nadadeiras; respiram por brânquias; nascem de ovos – são **ovíparos**.	de água doce (rios): piranha, cascudo, pirarucu etc. de água salgada (mares): sardinha, tubarão, bacalhau etc.

13. O que são animais vertebrados?

14. Como se classificam os animais vertebrados?

15. Encontre o nome de sete animais e separe-os no quadro:

E	I	L	H	M	O	R	C	E	G	O	Q	R	A
T	A	M	I	H	C	A	D	F	I	J	B	U	M
G	U	P	E	R	E	R	E	C	A	B	K	O	P
A	V	E	N	M	S	A	P	O	U	N	H	I	L
T	X	R	Ã	B	U	N	E	J	I	C	Z	X	Q
O	Z	R	S	A	F	H	M	G	N	L	C	Ã	O
L	Z	G	O	L	F	I	N	H	O	I	N	H	T

Mamíferos	Anfíbios

16. Dê pelo menos uma característica de cada classe de animais:

a) mamíferos:

b) anfíbios:

c) peixes:

d) aves:

e) répteis:

17. O que são animais ovíparos?

18. Como se chamam os animais que se desenvolvem na barriga da mãe?

19. Escreva o nome de três animais vivíparos e de dois ovíparos.

> **Lembre que:**
>
> - Os **animais invertebrados não possuem coluna vertebral.**
>   - Vivem na terra. Exemplos: barata, formiga, caracol etc.
>   - Vivem na água. Exemplos: ostra, polvo, água-viva, etc.
>   - A maior classe de invertebrados é a dos **insetos.**

20. Dê exemplos de animais pertencentes a cada classe de vertebrados:

   a) mamíferos:

   b) aves:

   c) répteis:

   d) anfíbios:

   e) peixes:

21. O que são animais invertebrados?

22. Onde vivem os invertebrados? Dê dois exemplos de cada um deles.

23. Qual é a maior classe de invertebrados?

24. A que grupo pertencem a abelha, a barata, o mosquito e a pulga?

25. Escreva o nome destes invertebrados:

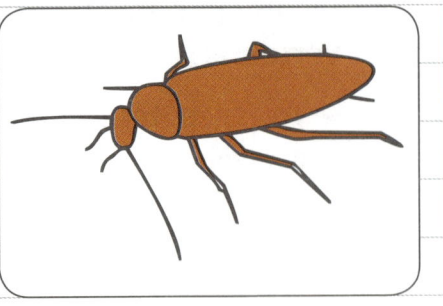

_____

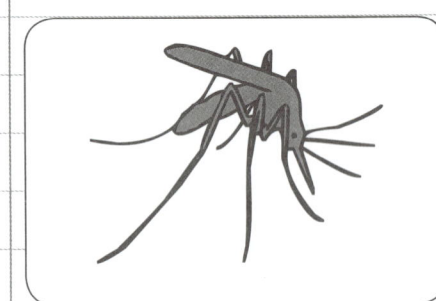

_____

26. Troque os números pelas sílabas e forme nomes de animais invertebrados:

12 11   9 6 7   2 1 7   10 3 11   8 5 4

1	2	3	4	5	6
gar-	la-	mi-	lha	be-	ra-
7	8	9	10	11	12
ta	a-	ba-	for-	ga	pul-

27. Observe os animais e classifique-os em:

invertebrados [i]   répteis [r]

mamíferos [m]   anfíbios [an]

aves [av]   peixes [p]

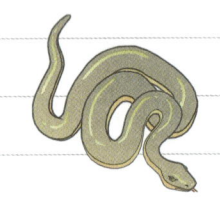

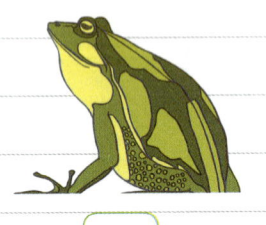

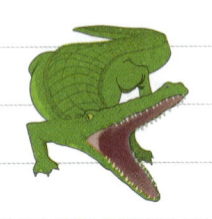

42

28. Compare estes animais:

Animais	Características	Exemplos
Domésticos	São criados pelo ser humano ou convivem com ele.	cachorro, gato, cavalo, galinha, coelho, boi etc.
Silvestres	São selvagens; vivem livres na natureza, longe do ser humano.	lobo, elefante, onça, arara, tamanduá, capivara, jacaré etc.
Úteis São utilizados pelo ser humano e fornecem:	• produtos para a alimentação.	abelha, galinha, porco etc.
	• produtos para a fabricação de calçados, roupas, bolsas, pentes etc.	ovelha, vaca etc.
	• sua força para o transporte de pessoas e cargas.	mula, boi etc.
Nocivos São prejudiciais e podem:	• envenenar pessoas.	escorpiões, certas cobras e aranhas.
	• transmitir doenças.	baratas, piolhos, pulgas, mosquitos, ratos.
	• atacar plantações.	formiga, lagarta, gafanhoto.

a) cobertura da pele:

b) membros locomotores:

c) órgãos respiratórios:

29. O que são animais domésticos? Dê três exemplos.

30. O que são animais silvestres? Dê três exemplos.

31. Por que alguns animais são considerados úteis para o ser humano?

32. Escreva o nome de três animais utilizados pelo ser humano:

a) na alimentação:

b) no transporte:

c) no vestuário:

33. Por que alguns animais são considerados nocivos ao ser humano?

34. Quais animais podem envenenar as pessoas?

35. Quais animais podem transmitir doenças?

36. Pesquise, recorte e cole, no espaço abaixo, figuras de animais nocivos ao ser humano:

37. Pesquise, recorte e cole figuras de animais utilizados pelo ser humano na alimentação, no transporte e no vestuário:

Alimentação dos animais

- Todos os animais precisam de alimento para obter a energia necessária para viver.

  Há animais que se alimentam de vegetais; há os que se alimentam de outros animais; e há, ainda, os que se alimentam tanto de vegetais quanto de outros animais.

Animais	Alimentação	Exemplo
Herbívoros	plantas e vegetais	Girafa, elefante, coelho, boi.
Carnívoros	outros animais	Leão, lobo, tubarão, cachorro, gato.
Onívoros	vegetais e outros animais	Urso, porco, morcego, ser humano.

- Os animais possuem uma dentição adequada às suas necessidades alimentares, como os carnívoros com dentes caninos, utilizados para cortar a carne da presa, os herbívoros com dentes molares, apropriados para a trituração de plantas, e os onívoros, que possuem tanto dentes caninos como molares, pois se alimentam de outros animais e vegetais.

- Os animais buscam alimento no ambiente em que vivem. Alguns animais saem à procura de alimentos durante o dia, outros preferem se alimentar no período noturno, para evitar o ataque de seus inimigos.

38. Complete as frases com as palavras do quadro:

> presa - tubarão - caninos - urso
> dentes - animais - ser humano
> cortar - molares - herbívoros - incisivos

a) Os _____ carnívoros como o _____ possuem dentes _____, pois se alimentam de outros animais.

b) O _____ é um animal onívoro, assim como o _____, e possui dentes caninos e _____.

c) Os _____ caninos são usados para _____ a carne da _____.

d) Os animais _____ se alimentam de vegetais.

e) Os herbívoros possuem maior quantidade de dentes _____ para picarem os vegetais.

39. Uma ave que come peixes de água doce poderia viver longe de rios ou lagos? Por quê?

40. Pesquise imagens de animais herbívoros, carnívoros e onívoros e cole-as aqui.

BLOCO 7

CONTEÚDO:
- Seres vivos em extinção

Equilíbrio ecológico: só é possível quando há, na natureza, alimento e hábitat para os seres vivos.

Desequilíbrio ecológico: é provocado pela agressão ao hábitat de várias espécies por meio de:
- queimadas;
- poluição do ar, da água e do solo;
- caça e pesca predatórias.

Seres vivos em extinção: seres ameaçados de desaparecer para sempre da face da Terra.

A ameaça de extinção no Brasil atinge:	
Plantas	**Animais**
Caiapiá	Mico-leão-dourado
Jacarandá	Jaguatirica
Bromélia	Tamanduá-bandeira
Pau-brasil	Pirarucu
Alguns tipos de samambaia	Tatu-canastra

1. O que é preciso haver na natureza para garantir o equilíbrio ecológico?

2. Quais atitudes do homem provocam o desequilíbrio ecológico?

3. O que são seres vivos em extinção?

4. Troque os números por sílabas e forme nomes de alguns seres vivos ameaçados de extinção:

5 14 8 10   7 4 13 2
12 6 9 15   16 3 6 11 1

1	2	3	4	5	6	7	8
tra	cu	tu	ra	i	ca	pi	ro
9	10	11	12	13	14	15	16
ran	xo	nas	ja	ru	pê	dá	ta

5. Observe os animais em extinção e classifique-os em:

mamífero - ave

Suçuarana

Veste-amarela

Muriqui

Pintor-verdadeiro

Uacari-branco

Baleia-jubarte

BLOCO 8

CONTEÚDOS:
- O ser humano
- O ser humano no ambiente
- O ser humano e os recursos naturais

Lembre que:

- O ser humano:
  - pertence ao grupo dos animais;
  - é um animal vertebrado e mamífero;
  - anda sobre dois pés;
  - possui um cérebro desenvolvido;
  - tem mãos para pegar os objetos;
  - tem consciência de seus atos;
  - consegue sobreviver em vários ambientes;
  - ao longo do desenvolvimento, passa por diversas fases: a infância, a adolescência, a idade adulta e a velhice.

1. Escreva semelhanças entre o ser humano e os outros animais:

2. Escreva diferenças entre o ser humano e os outros animais:

3. Por que o homem consegue sobreviver em quase todos os ambientes?

4. Quais são as fases do desenvolvimento do ser humano?

5. Marque com um x as frases corretas:

a) ☐ O ser humano é o único animal que tem consciência de seus atos.

b) ☐ O ser humano não consegue viver em vários ambientes.

c) ☐ O ser humano não é um animal mamífero.

d) ☐ O ser humano é um ser vivo.

6. Você já pensou em como tudo se modifica ao longo dos anos? Você cresceu, as plantas e animais crescem e outras coisas deixam de existir. Registre algo que você tenha visto se modificar nos últimos anos.

Lembre que:

- O ser humano modifica o **ambiente** para criar condições de habitação em diferentes regiões da Terra.
- Essas modificações, às vezes, geram desequilíbrio ambiental.
- Ações que geram desequilíbrio ambiental:
  - derrubada de florestas;
  - queimadas;
  - emissão de fumaça das fábricas e dos veículos (poluição do ar);
  - derramamento de petróleo (poluição de mares, oceanos e rios).
- Algumas atitudes para a preservação do ambiente:
  - delimitação de reservas ecológicas;
  - uso racional dos recursos naturais.

7. Identifique as imagens e indique as modificações que o ser humano está provocando nos ambientes:

( ) extração de minério
( ) tratamento de esgoto
( ) aterro de lixo
( ) plantio de mudas

8. Quais das modificações mostradas no exercício anterior:

a) são mais prejudiciais ao meio ambiente?

b) são mais benéficas ao meio ambiente?

9. Por que o ser humano modifica o ambiente?

10. Cite três ações que podem gerar desequilíbrio ambiental:

11. Cite uma causa de poluição do ar:

12. Cite uma causa de poluição de mares, oceanos e rios:

13. Dê exemplos:

a) de atitudes que podem preservar o meio ambiente.

b) de atitudes que você adota para preservar o meio ambiente.

14. Pesquise em jornais ou revistas uma cena em que mostre ações que geram desequilíbrio ambiental e cole aqui:

Lembre que:

- Para obter energia, o ser humano aprendeu a usar os **recursos naturais, como:**
  - a força do vento para movimentar moinhos, barcos e gerar energia elétrica;
  - as quedas-d'água para gerar energia elétrica;
  - o carvão e o petróleo como combustíveis e para produzir calor.
- Os recursos naturais devem ser explorados com inteligência. Caso contrário, muitos deles podem se esgotar, como o petróleo e o carvão.
- Ao explorar os recursos naturais, é preciso cuidado para preservar o meio ambiente.

Regras básicas de preservação

- Prever os estragos que podem ser causados à natureza pelas atividades humanas.
- Consertar os estragos que foram feitos.
- Respeitar as leis que proíbem a caça.
- Respeitar as leis que proíbem a pesca na época de reprodução.
- Respeitar as leis que evitam poluir o ambiente.
- Respeitar as leis de proteção aos animais e às plantas silvestres.
- Respeitar as áreas de reservas e os parques florestais.
- Reciclar o lixo.

15. Como devemos usar os recursos naturais? Por quê?

16. Quais as principais fontes de energia utilizadas pelo homem?

17. Que tipo de energia é gerada ao se utilizarem as quedas-d'água?

18. Como são utilizados o carvão e o petróleo?

19. Complete a frase adequadamente:

Podemos preservar o _____ se respeitarmos as leis que proíbem a _____ e se respeitarmos também as áreas de reserva e os _____ .

20. Cite duas regras básicas para a preservação do meio ambiente:

21. Reflita: se o homem alterar demais o meio ambiente, ele também corre o risco de ser extinto? Escreva suas conclusões.

22. Copie somente as afirmações corretas:

a) O tamanduá-bandeira e o tatu-bola são animais ameaçados de extinção.

b) O homem não cria leis para preservar os ambientes.

c) O petróleo pode se esgotar.

d) As quedas-d'água geram energia elétrica.

23. Localize no caça-palavras as palavras que estão no quadro:

> petróleo - carvão - ambiente
> natureza - reserva - pesca

A	J	M	A	A	N	D	U	R	A	S	N	P
H	P	I	G	M	A	M	N	F	H	T	R	L
E	E	G	N	B	T	C	E	R	E	A	I	S
B	T	A	L	I	U	T	C	U	B	G	C	X
S	R	E	S	E	R	V	A	T	S	X	C	B
R	O	A	Z	N	E	N	R	A	R	N	E	J
C	L	E	Z	T	Z	L	V	S	C	G	O	P
J	E	V	A	E	A	H	A	B	J	B	Q	O
E	O	A	B	E	A	S	O	P	E	S	C	A

BLOCO 9

CONTEÚDOS:

- O corpo humano
- As partes do corpo humano
- Sistema respiratório
- Sistema digestório
- Órgãos dos sentidos

Lembre que:

- Nosso **corpo** é formado por muitas partes. Ele pode ser dividido em três partes principais: **a cabeça**, **o tronco** e **os membros.**
- **Esqueleto:** é o conjunto de ossos que sustenta o corpo. Tem como eixo central a coluna vertebral.
- **Crânio:** protege o encéfalo.
- **Caixa torácica:** protege os pulmões.
- **Músculos:** junto com os ossos, são responsáveis pelos movimentos do corpo.
- **Pele:** recobre e protege os músculos.

As partes do corpo humano

O corpo humano é formando por três partes: cabeça, tronco e membros.

Na **cabeça** se localizam o encéfalo, a boca e quase todos os órgãos dos sentidos: os olhos, o nariz, as orelhas e a língua.

O **crânio** protege o encéfalo, um órgão muito importante, que controla todo o nosso corpo.

O **pescoço** liga a cabeça ao tronco.

No **tórax** ficam o coração e os pulmões. O coração faz o sangue circular pelo corpo. Os pulmões são os órgãos respiratórios.

O **tronco** é formado pelo tórax e pelo abdome.

Os **membros** são quatro: dois **superiores** (braço, antebraço e mão) e dois **inferiores** (coxa, perna e pé).

No **abdome** estão o estômago, o fígado, o pâncreas, o baço, os intestinos, os rins, a bexiga e outros órgãos.

RESPIRAÇÃO	Inspiração	Entrada de ar, rico em oxigênio, nos pulmões, onde ocorre a troca gasosa.
	Expiração	Saída de ar, rico em gás carbônico, dos pulmões.

Sistema respiratório	Nariz, laringe, traqueia, brônquios, pulmões, diafragma (músculo que separa tórax e abdome, responsável pelos movimentos respiratórios).

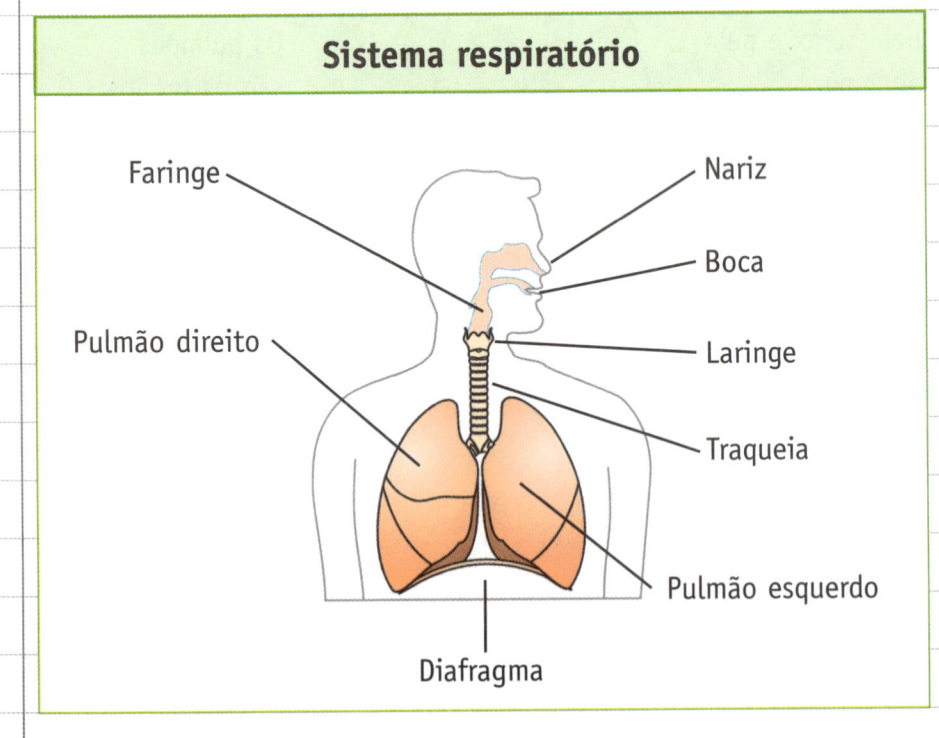

Digestão	Processo pelo qual o corpo retira dos alimentos os nutrientes necessários à vida.
Sistema digestório	Boca, faringe, esôfago, estômago e intestinos.

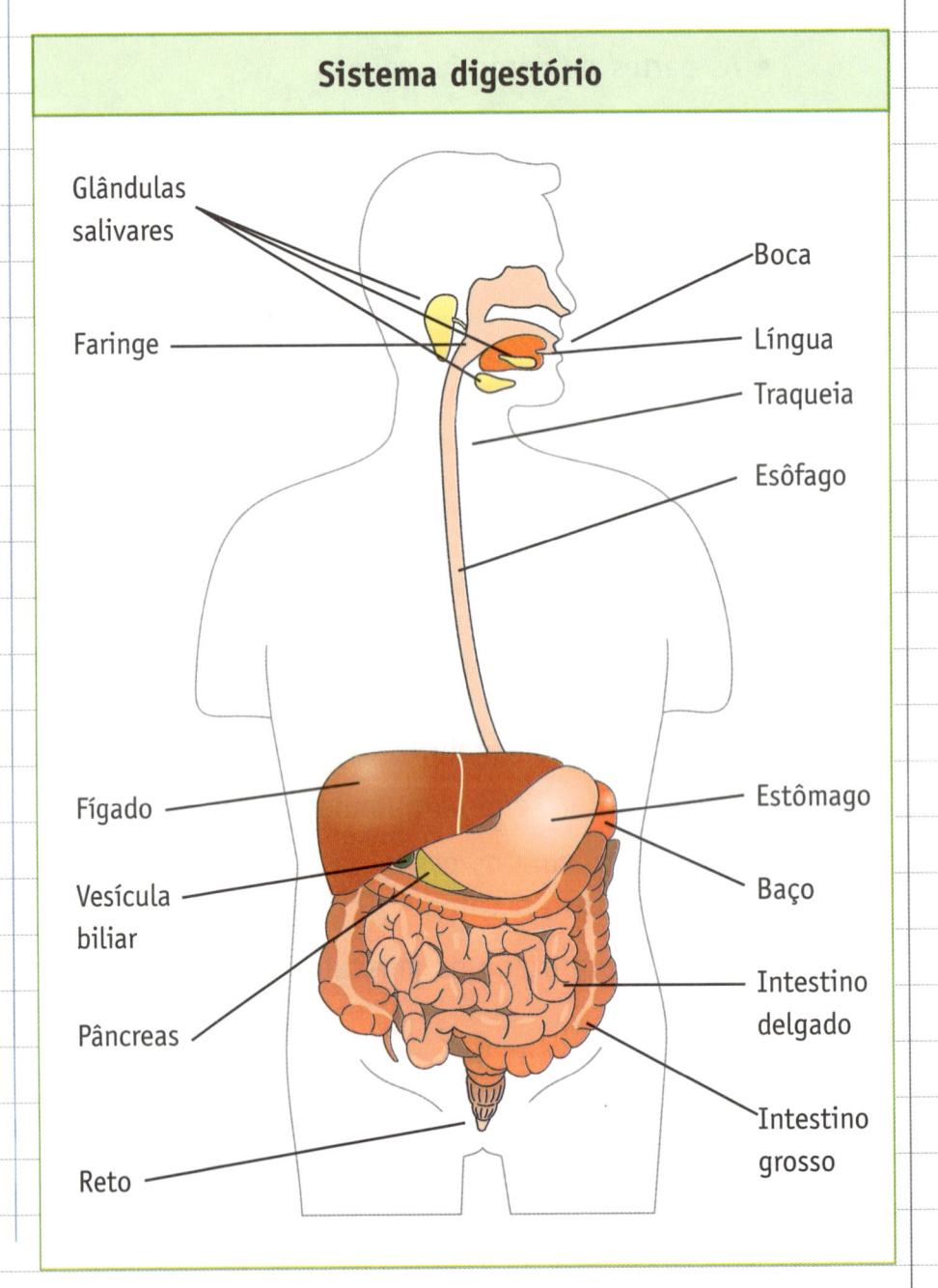

Sistema respiratório

- Faringe
- Nariz
- Boca
- Laringe
- Pulmão direito
- Traqueia
- Pulmão esquerdo
- Diafragma

Sistema digestório

- Glândulas salivares
- Boca
- Faringe
- Língua
- Traqueia
- Esôfago
- Fígado
- Estômago
- Vesícula biliar
- Baço
- Pâncreas
- Intestino delgado
- Reto
- Intestino grosso

1. Quais são as principais partes do corpo humano?

2. O que a caixa torácica protege?

3. Escreva os nomes das partes do corpo humano?

4. O que é o esqueleto?

5. Como se chama o eixo que liga as várias partes do nosso esqueleto?

6. O que é inspiração?

7. O que é expiração?

8. Um determinado músculo contribui especialmente para o movimento respiratório.

   a) Que músculo é esse?

   b) Onde se localiza esse músculo?

9. O que o crânio protege?

10. O que é digestão?

11. Quais são os principais órgãos do sistema digestório?

12. Onde se concentra a maioria dos órgãos dos sentidos?

13. Pinte a figura em que o estômago e o intestino estão mais ativos:

14. Complete as frases preenchendo os espaços com as palavras:

> intestinos - pulmões - faringe
> digestório - impurezas - nariz
> oxigênio - boca - prejudicial

a) Através da respiração, o _____ penetra em nosso corpo.

b) O ar entra pelo _____, vai até os _____, podendo sair pela _____ ou pelo nariz.

c) Boca, _____, esôfago, estômago e _____ são órgãos do sistema _____.

d) A respiração pela boca é _____ pois leva aos pulmões ar frio e com _____.

Lembre que:

- Para perceber o mundo ao seu redor, o ser humano usa os sentidos: **tato**, **paladar**, **olfato**, **visão** e **audição**.

Sentido	Órgão	Características
Tato	Pele	Sensações de quente/frio, seco/úmido, áspero/liso, duro/macio; sensações de pressão e dor.
Paladar	Língua	Percepção dos gostos: doce, salgado, ácido (azedo) e amargo.
Olfato	Nariz	Percepção de cheiros.
Visão	Olhos	Enxergar formas, cores etc.
Audição	Orelhas	Percepção dos sons.

15. Quantos e quais são os sentidos que o corpo humano possui?

16. Qual é o sentido que nos permite ouvir?

17. Qual o órgão do olfato?

18. Como percebemos as sensações de frio e calor?

19. Observe a figura. Depois, escreva o nome de cada órgão apontado pela seta e o sentido correspondente a ele:

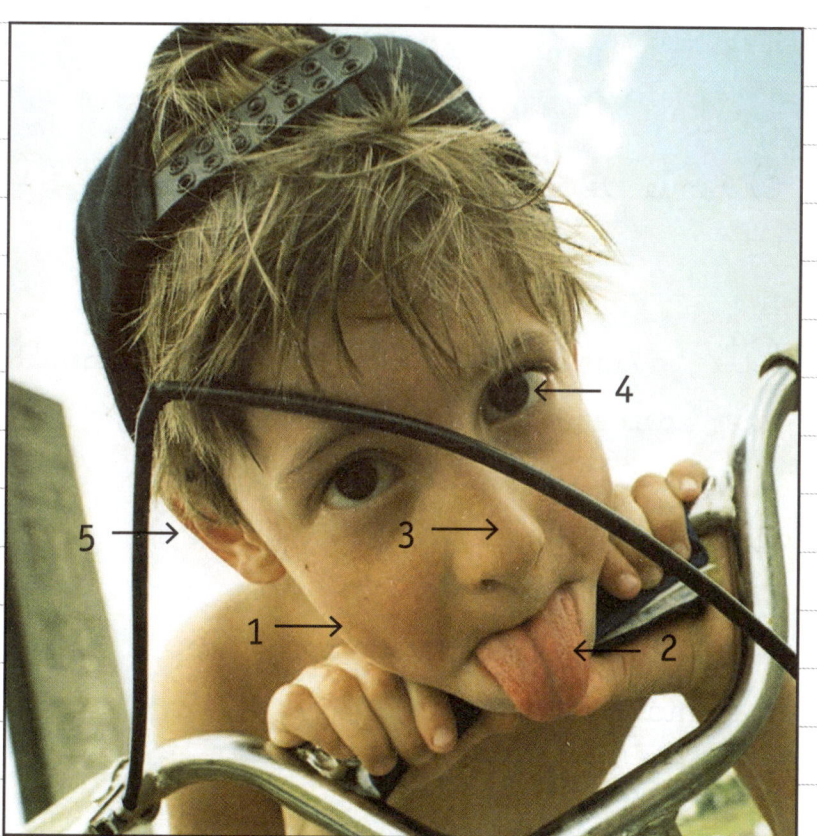

1
2
3
4
5

20. Que sentido está sendo mais utilizado quando você:

a) vê um álbum de fotografia?

b) come uma fatia de torta?

c) escuta vozes?

d) alisa um urso de pelúcia?

e) sente o perfume das flores?

21. Cite alimentos cujo gosto é sentido por seu paladar como:

a) doce

b) amargo

c) ácido

d) salgado

22. Quais sentidos você usa para atravessar a rua?

23. Escreva o nome de objetos que seu tato sente como:

a) macios

b) ásperos

c) moles

d) duros

24. Pesquise, recorte e cole figuras dos órgãos dos sentidos. Escreva o nome de cada um e para que servem:

BLOCO 10

CONTEÚDOS:
- Alimentação
  – origem animal, vegetal, mineral

Lembre que:

- Para manter boa saúde, devemos nos alimentar bem. Para isso, precisamos comer frutas, legumes, verduras, cereais, ovos, carne e leite, que são alimentos saudáveis.

Alimentos	Origem	Importância
Carne, ovos, leite e seus derivados	Animal	Necessários ao crescimento, conservação do corpo e ao fortalecimento dos ossos e dentes.
Frutas, legumes, verduras, cereais	Vegetal	Fornecem energia e protegem o corpo contra doenças.
Sal	Mineral	Indispensável ao nosso organismo.

Alimentos	Características	Exemplos
Naturais	Podem ser consumidos sem passar por processos industriais.	Frutas, verduras e legumes.
Industrializados	Passam pela indústria e sofrem modificações.	Geleias, extrato de tomate, maionese, salsichas, salames, margarina, iogurtes etc.

1. Encontre as palavras do quadro no caça-palavras:

carne – frutas – ovos
cereais – verduras – sal

A	M	V	E	R	D	U	R	A	S	N	P	Q
T	I	E	M	A	M	N	F	H	T	R	L	J
R	G	L	R	T	C	E	R	E	A	I	S	L
S	A	L	I	U	T	C	U	B	G	C	X	Z
I	H	T	G	V	R	G	T	S	X	C	B	S
G	A	Z	N	E	N	C	A	R	N	E	J	T
M	E	T	T	Z	L	V	S	C	G	O	P	V
O	V	O	S	A	H	A	B	J	B	Q	O	M

2. Complete as frases, preenchendo os espaços com as palavras do quadro:

> frutas - leite - grãos - saúde
> energia - ovos - alimentar - carne
> necessários - verduras

a) Para manter boa _____, devemos nos _____ bem.

b) A _____, os _____, o _____ e seus derivados são _____ ao crescimento e ao fortalecimento dos ossos e dentes.

c) As raízes, os _____, as _____ e as _____ fornecem _____ e protegem o corpo contra doenças.

3. O que são alimentos industrializados? Dê exemplos.

4. Copie o nome dos alimentos, classificando-os de acordo com a origem vegetal, mineral ou animal:

> beterraba - alface - laranja - sal
> ovos - cenoura - repolho - carne
> peixe - leite - frango - banana

a) Vegetal:

b) Animal:

c) Mineral:

5. O que são alimentos naturais? Dê exemplos.

6. Pesquise, recorte e cole figuras de alimentos de origem animal, vegetal, natural e industrial. Escreva a origem de cada alimento.

origem animal	origem vegetal

origem natural	origem industrial

BLOCO 11

CONTEÚDO:
- Higiene e outros hábitos saudáveis

Cuidados com o corpo:
- Tomar banho diariamente e usar roupas limpas.
- Escovar os dentes após as refeições e antes de dormir.
- Conservar as mãos limpas e lavá-las antes das refeições e após usar o banheiro.
- Beber somente água filtrada ou fervida.
- Andar sempre calçado.
- Conservar as unhas curtas e limpas.
- Alimentar-se bem.
- Lavar bem os alimentos que podem ser comidos crus.
- Praticar exercícios físicos, pois ajudam a manter a saúde.
- Dormir regularmente e em quarto arejado.

Cuidados com a mente:
- Ler bons livros, assistir a programas educativos, ouvir música.
- Fazer passeios ao ar livre e praticar esportes.
- Conversar com os amigos e com as pessoas da família.
- Descansar o suficiente.
- Brincar.

Cuidados com a água:
- Deve ser tratada em estações de tratamento e filtrada; ou deve receber cloro; ou então deve ser fervida para torná-la potável (boa para beber).
- A água é incolor (sem cor), insípida (sem sabor) e inodora (sem cheiro).

Purificação da água

Filtração

A água passa por filtros porosos (velas) que retêm as impurezas.

A água filtrada é boa para beber.

Esterilização

A água é fervida para matar as bactérias, os vírus, os fungos, as algas e outros organismos que causam doenças.

Depois de fria, a água esterilizada pode ser bebida.

Cuidados com os alimentos
- Lave bem as mãos antes de comer.
- Lave bem as verduras e frutas.
- Ferva o leite que vai tomar.
- Deixe alimentos perecíveis na geladeira.
- Cubra os alimentos para evitar as moscas.
- Não coma em lugares de higiene duvidosa.
- Olhe a validade dos alimentos industrializados.

1. Cite seis cuidados que devemos ter com o nosso corpo:

2. Cite três cuidados que devemos ter com a nossa mente:

3. Onde a água é tratada nas cidades?

4. Como se chama a água boa para beber?

5. Cite medidas para tornar a água potável:

6. Complete:

a) A água potável é _____, _____ e _____.

b) Deixar os alimentos _____ na geladeira.

c) Ferver o _____ antes de tomar.

69

7. Leia e responda:

As cáries

Quando comemos e não escovamos os dentes, certas bactérias usam os restos de alimento para se multiplicar. Elas produzem um ácido que estraga o esmalte dos dentes, abrindo caminho para as cáries.

A escovação elimina os restos de comida e mata as bactérias, protegendo os dentes. De acordo com a Organização Mundial de Saúde, aos 12 anos, uma criança deveria ter, no máximo, três dentes cariados. No Brasil, nessa idade, as crianças têm mais de seis cáries.

Observe algumas maneiras de evitar a cárie:

1 - Depois de comer, faça a higiene bucal, com fio dental, escova de dentes e creme dental.
2 - Consuma doces e balas moderadamente.
3 - Visite o dentista periodicamente.

Atenção: os dentes de leite também devem ser bem cuidados.

a) O que você usa para fazer a higiene bucal?

b) Por que é importante escovar os dentes?

c) É importante escovar os dentes de leite?

d) Quais as maneiras de evitar a cárie?

e) Encontre e circule três palavras do texto no caça-palavras:

a	x	b	a	c	t	é	r	i	a	s	m	n
m	z	q	d	c	á	r	i	e	x	g	b	c
t	v	m	b	c	d	o	v	t	x	m	n	b
u	i	n	a	d	e	n	t	e	s	m	a	o
m	b	c	d	o	v	t	q	d	c	e	r	o
w	e	a	b	v	m	b	c	d	o	v	t	x

BLOCO 12

CONTEÚDO:
- Transmissão de doenças

Lembre que:

- As doenças podem ser causadas por vírus, bactérias, fungos e também por animais, como certos vermes e alguns tipos de amebas.
- As doenças causadas por vermes chamam-se verminoses.
- Os vírus e as bactérias são muito pequenos. Eles só podem ser vistos com o auxílio de um aparelho chamado **microscópio**.
- Algumas doenças causadas por vírus e bactérias podem ser transmitidas de uma pessoa para outra. Chamam-se doenças **contagiosas** e podem ser transmitidas por sangue, fezes, espirro, tosse, beijo e por objetos mal lavados (copos, pratos, talheres).
- A Aids é uma doença contagiosa grave, transmitida por transfusão de sangue, agulhas e seringas contaminadas e contato sexual.
- Exemplos de doenças não contagiosas: diabetes, reumatismo, câncer.

1. Como se chamam as doenças que podem ser transmitidas de uma pessoa para outra?

2. Como podemos adquirir doenças contagiosas?

3. Quais das doenças abaixo são contagiosas?

diabetes - câncer - gripe - sarampo
catapora - tuberculose - coqueluche
reumatismo

4. Como os vermes podem nos contaminar?

5. Complete as frases, preenchendo os espaços:

a) As doenças podem ser causadas por ...., ..., e também por animais.

b) As doenças causadas por vermes são chamadas de ....

c) Os vírus e as bactérias muito pequenos só podem ser vistos por um aparelho chamado ....

6. Como a Aids pode ser transmitida?

Lembre que:
AIDS significa Síndrome da Imunodeficiência Adquirida.

7. Troque os números pelas sílabas correspondentes e forme uma frase. Oriente-se pelo quadro:

16 18 20 19   22 21 24 23   2   1 12
4   2 10 13   3   5 8 6 7   9 14 11 15 17

1 cân	2 e	3 de	4 são	5 do	6 ças
7 mão	8 em	9 con	10 xem	11 gi	12 cer
13 plos	14 ta	15 o	16 di	17 sas	18 a
19 tes	20 be	21 ma	22 reu	23 mo	24 tis

8. Que doenças contagiosas você já teve?

> **Lembre que:**
>
> - A **lombriga** é um verme que parasita o intestino do homem. Seu nome científico é *Ascaris lumbricoides*. A lombriga macho mede de 15 a 30 cm e a fêmea chega até 40 cm. A quantidade de ovos que uma fêmea adulta pode colocar chega a 200 mil por dia.

Verminoses	
Meios de contaminação	**Como evitar**
• Beber água contaminada. • Comer alimentos mal lavados ou malcozidos. • Falta de higiene. • Por meio de outros animais. • Andar descalço.	• Beber sempre água filtrada ou fervida. • Lavar bem os alimentos que podem ser comidos crus como frutas e verduras. • Comer carne bem cozida ou assada. • Lavar as mãos antes das refeições e após usar o banheiro. • Não tomar banho em rios ou lagos contaminados. • Não andar descalço.

9. O que você aprendeu sobre verminoses? Indique.

- meios de contaminação:

- meios de prevenção:

Lembre que:

- As vacinas nos protegem de várias doenças.

    Exemplos de doenças contagiosas para as quais existem vacinas:

    Tuberculose (BCG), paralisia infantil (Sabin), coqueluche, difteria e tétano (Tríplice), sarampo, tifo, rubéola, meningite, caxumba e hepatite.

Principais vacinas

BCG: Vacina contra a tuberculose.

DTPa: Vacina contra a difteria, o tétano e a coqueluche acelular (tríplice bacteriana).

Polio: Vacina contra a paralisia infantil.

Hib: Vacina contra infecções por *Haemophilus* tipo b.

Pneumo 7V: Vacina contra infecções por pneumocócicas (Pneumocócica conjugada 7-Valente).

MMR: Vacina contra sarampo, caxumba e rubéola (tríplice viral).

Varicela: Vacina contra a catapora.

dT: Vacina contra difteria e tétano.

---

10. Para que servem as vacinas?

11. Contra quais doenças as crianças devem tomar vacinas?

12. Que vacinas você já tomou?

13. A vacina tríplice viral é aplicada contra quais doenças?

14. E a vacina tríplice bacteriana?

Lembre que:

TABELA DE VACINAÇÃO

Vacinas / Doses	ESQUEMA BÁSICO DE VACINAÇÃO						OUTRAS VACINAS			
	BCG	Hepatite B	Polio	Tríplice (DTP/DTPa)	Haemophilus Tipo B	MMR	Pneumocócica Conjugada	Varicela	Hepatite A	Dupla (dT)
1.ª	Entre 0 e 1 mês	Ao nascer	2 meses	2 meses	2 meses	12 meses	2 meses	A partir dos 12 meses	A partir dos 12-24 meses	10-11 anos
2.ª		Entre 1-2 meses	4 meses	4 meses	4 meses		4 meses		6 meses após a 1.ª dose	Reforço a cada 10 anos
3.ª		Entre 6-18 meses	6 meses	6 meses	6 meses		6 meses			
Reforço	Entre 6-10 anos		Entre 15-18 meses	Entre 15-18 meses	15 meses	Entre 4-6 anos	Entre 12-15 meses			
Reforço			Entre 4-6 anos	Entre 4-6 anos						

BLOCO 13

CONTEÚDO:
- Saneamento básico

Lembre que:

- **Saneamento básico** é uma série de medidas tomadas pelos governantes para garantir a boa qualidade da água e do ar, e para dar tratamento ao lixo e ao esgoto.
- Lixo jogado ou espalhado é uma ameaça à saúde, pois atrai animais que causam doenças. Por isso, o lixo deve ser coletado por funcionários da limpeza pública ou queimado, ou enterrado, ou reciclado (reaproveitamento de papéis, vidros, plásticos e metais).
- Água poluída contém impurezas, geralmente está contaminada, podendo causar doenças.
- Poluição do ar, em virtude da fumaça das fábricas, dos automóveis, da poeira, causa problemas respiratórios e outras doenças.

1. O que é saneamento básico?

2. Por que o lixo espalhado ameaça a nossa saúde?

3. De que maneira pode-se resolver o problema do lixo?

4. O que causa a poluição do ar:

5. Quais materiais podem ser reciclados?

6. O que é água poluída?

7. Quais problemas de saúde a poluição do ar pode causar?

8. Marque com um x as frases corretas:

a) ☐ A água que contém impurezas é considerada poluída.

b) ☐ A água poluída serve para ser utilizada em casa.

c) ☐ O ar poluído prejudica nossa saúde.

d) ☐ O ar sujo é chamado de ar poluído.

e) ☐ Ar e água poluídos fazem bem ao homem.

9. Pesquise a cor de cada recipiente para a coleta seletiva do lixo e escreva o nome de cada recipiente:

_____   _____

_____

_____   _____

Tratamento da água

A água que bebemos ou usamos para cozinhar deve ser tratada para se tornar potável, isto é, apropriada para consumo.

Antes de chegar às nossas casas, a água é retirada dos rios ou das represas e levada para as estações de tratamento.

Nas estações de tratamento, a água passa por um processo de limpeza e purificação, no qual são retiradas as impurezas, a água é filtrada e tratada com flúor e cloro.

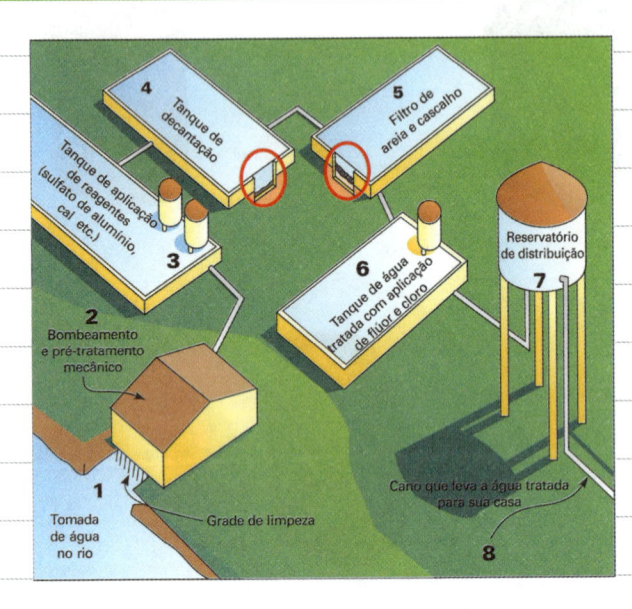

3. No tanque de aplicação, a água recebe vários produtos que formam flocos com a sujeira.
4. No tanque de decantação, os flocos de sujeira vão para o fundo.
5. No tanque de filtração, a água passa por filtros de carvão, areia e cascalho.
6. No tanque de água tratada há aplicação de flúor e cloro.
7. Já tratada, a água vai para um reservatório.
8. A água é distribuída para toda a cidade pelos canos da rede de distribuição.

Esquema de uma estação de tratamento de água.

Etapas do tratamento da água:

1. A água é armazenada na represa. Nessa etapa, ela passa por grades de limpeza para reter folhas, troncos, peixes etc.
2. A água é bombeada para a estação de tratamento.

Tratamento do esgoto

Após o uso da água pela população, forma-se o esgoto, que contém restos de comida, fezes, produtos químicos etc.

A água entra por uma rede de canos e muitas vezes é despejada suja nos rios. O esgoto não deve ser lançado nos rios ou no mar antes de ser levado às estações de tratamento de esgoto. Nessas estações, o esgoto fica depositado em tanques, até que as bactérias decomponham os resíduos que existem na água suja. Só então é clorado e lançado nos rios ou no mar.

No Brasil existem muitas regiões onde não há saneamento básico. Nesse caso, as pessoas instalam nos quintais a fossa séptica, que retém o material sólido. A parte líquida vai para o sumidouro.

As fossas devem ficar afastadas dos poços, em posição mais baixa que eles, para evitar a contaminação da água.

10. O que acontece com a água em uma estação de tratamento?

11. Como a água é distribuída às casas?

12. Qual caminho percorrido pela água antes de ser distribuída pelos canos das redes de distribuição?

13. Assinale as afirmações como verdadeiras (V) ou falsas (F):

a) ☐ Os poços e as fossas devem ficar próximos para evitar a contaminação da água.

b) ☐ A água que bebemos não necessita de tratamento.

c) ☐ As fossas devem ficar afastadas dos poços, para evitar a contaminação da água.

d) ☐ Nas estações de tratamento, a água passa por um processo de limpeza e purificação, após isto, a água é filtrada e tratada com flúor e cloro.

14. Como deve ser coletado o esgoto das casas na cidade?

Registro de pesquisa

Atividades complementares

- **Quebra-cabeça do Sistema Solar**
- **Viagem espacial**
- **Onde estão os vertebrados?**
- **Ciclo da água**
- **Dominó de animais**

Quebra-cabeça do Sistema Solar

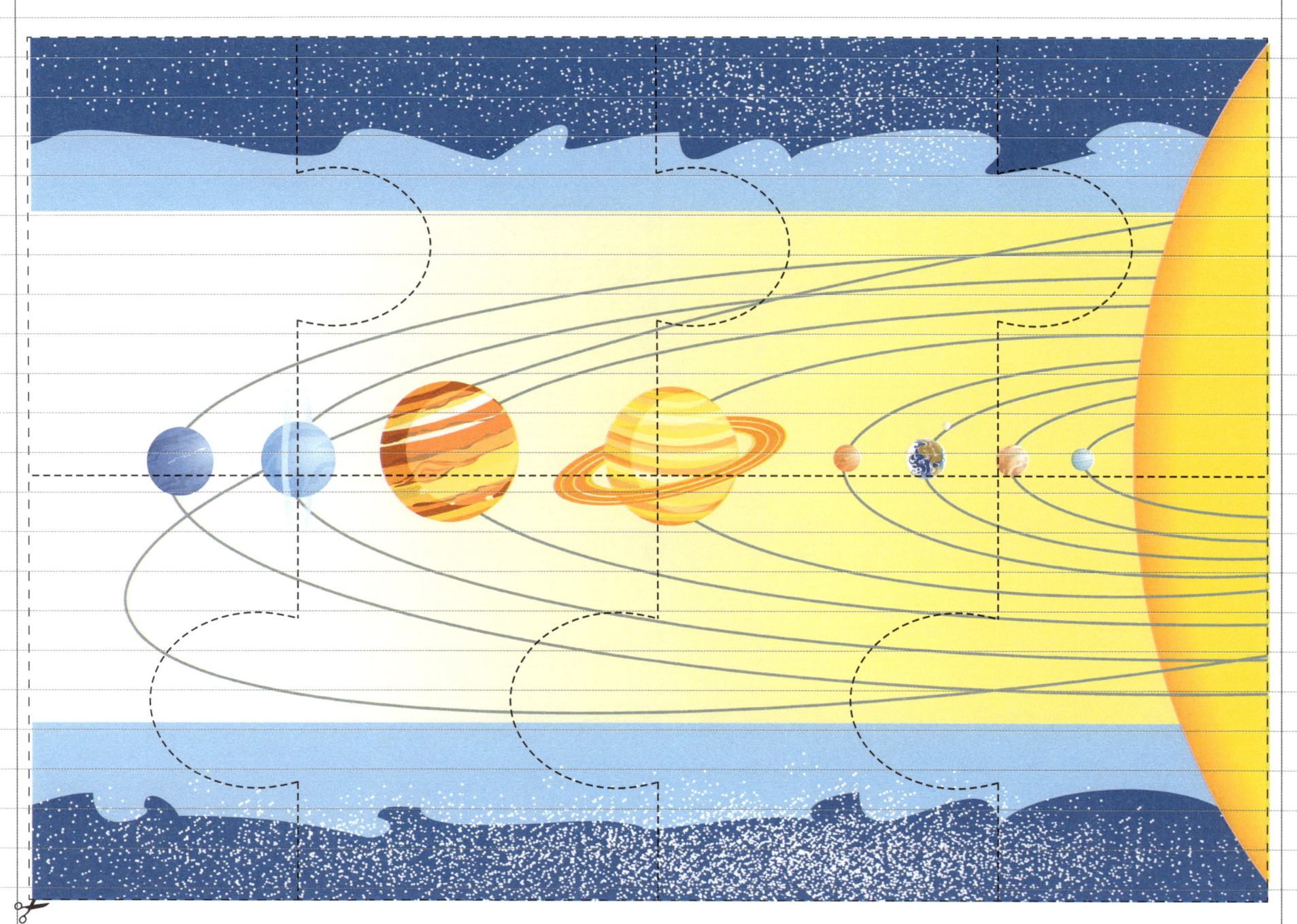

Recorte sobre a linha tracejada.

83

Viagem espacial

Leia o nome destes astros do Universo.

Saturno — Lua — Cometa

Terra — Marte — Sol

Agora descubra os conjuntos de letras que formam o nome de cada um desses astros.

```
S C D C O M E T A M T E R R A X S F I
S A R P T U I X O U E M C I O S T H O
T S O M E T E O R O S A V M I O G A P
R D U A E S T R E L A R L U A O D T H
I F P A N E T U R N O T S O L A W B G
I W P S A T U R N O L E R I U R S M D
X Q T A N O C U O T E R M A T C J O R
```

85

Onde estão os vertebrados?

No quadro abaixo estão as figuras de animais aquáticos.
Circule a figura dos que têm coluna vertebral.

poliqueto
caravela
camarão
água-viva
cavalo-marinho
estrela-do-mar
polvo
lula
lagosta
tartaruga
caranguejo

As proporções entre animais não correspondem à realidade.

Dominó de animais

→ Neste jogo de dominó, você vai associar o nome à figura do animal.
→ Recorte as peças do dominó de animais das cartelas 1, 2, 3 e 4.
→ Reúna-se com uma, duas ou três pessoas. Misture as peças e as distribua igualmente entre os jogadores. O restante (se houver) fica na mesa, formando um monte para compra.
→ Faz-se um sorteio para saber quem inicia o jogo.
→ Ganha quem ficar sem nenhuma peça na mão.

Ciclo da água

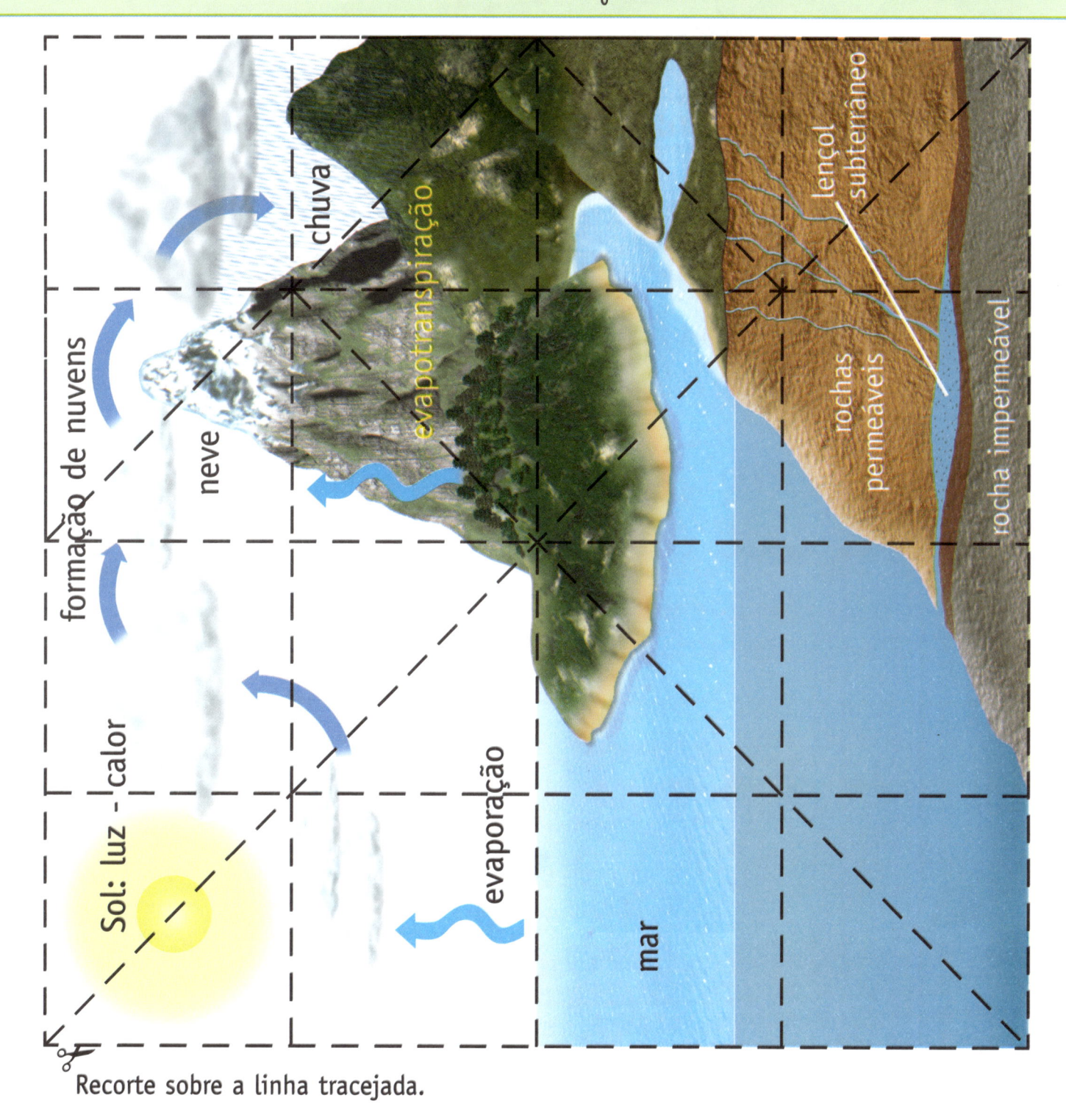

formação de nuvens
neve
chuva
evapotranspiração
Sol: luz – calor
evaporação
mar
lençol subterrâneo
rochas permeáveis
rocha impermeável

Recorte sobre a linha tracejada.

87

Dominó de animais

CARTELA 1

	tartaruga		marreco
	tubarão		peixe
	jacaré		rato

Recorte sobre a linha tracejada.

CARTELA 2

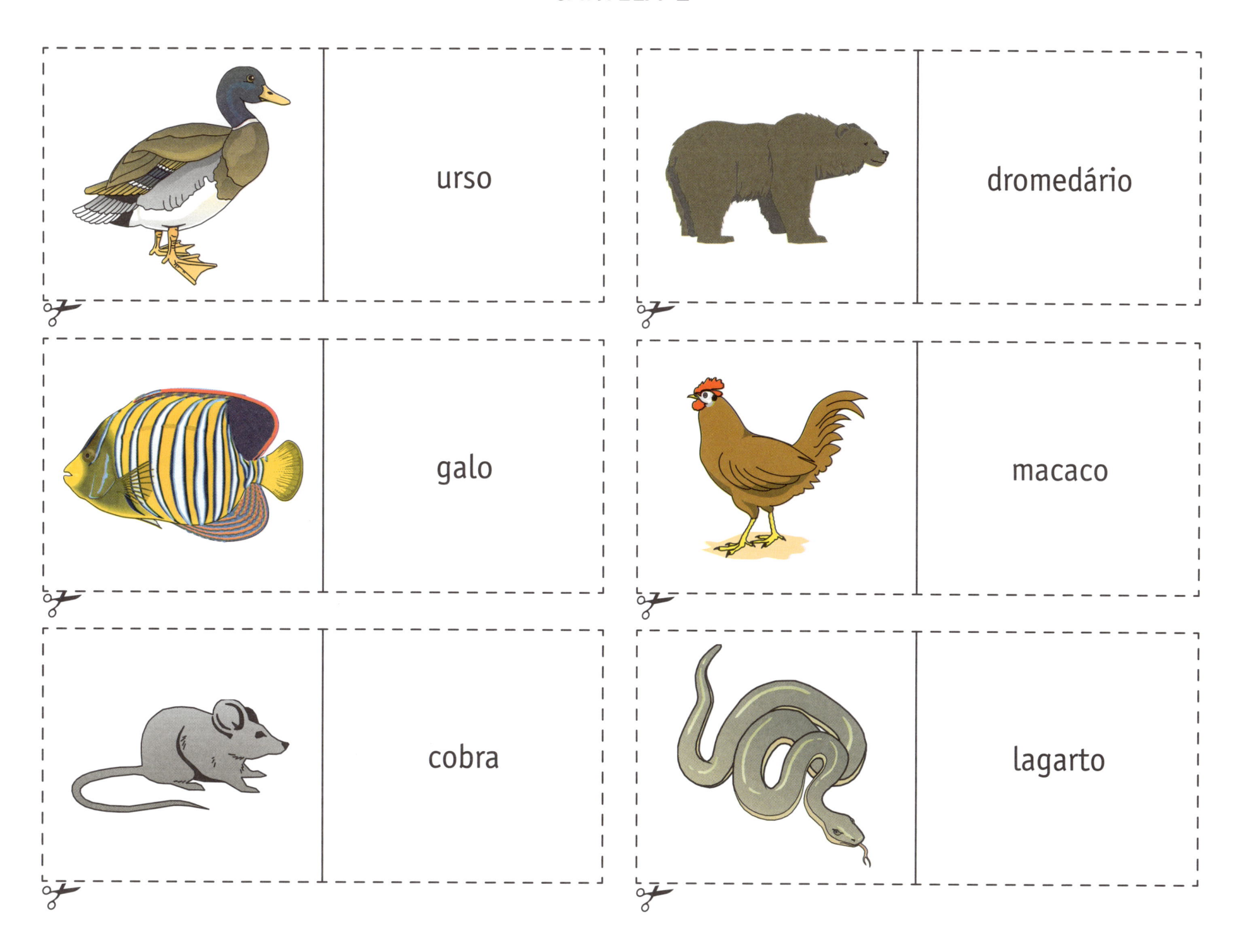

(pato)	urso	(urso)	dromedário
(peixe)	galo	(galinha)	macaco
(rato)	cobra	(cobra)	lagarto

91

CARTELA 3

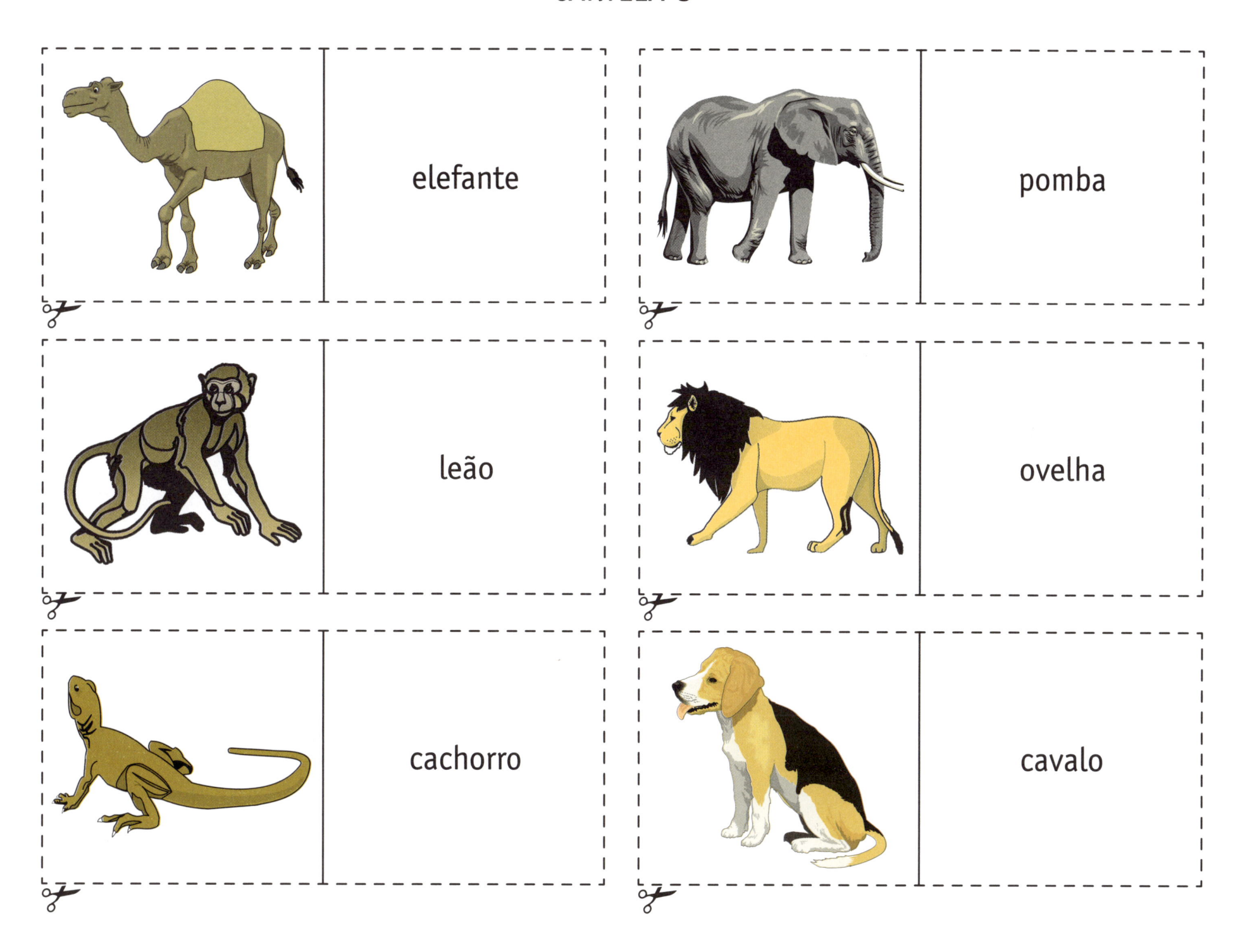

(camelo)	elefante	(elefante)	pomba
(macaco)	leão	(leão)	ovelha
(lagarto)	cachorro	(cachorro)	cavalo

93

CARTELA 4

pinguim	gato
foca	papagaio
arara-azul	sapo